纯棉时代 · 亲爱书系

立木与宝猪

赵婕 著

中国发展出版社

图书在版编目（CIP）数据

立木与宝猪 / 赵婕著. —北京：中国发展出版社，2015.4
（纯棉时代·亲爱书系）

ISBN 978-7-5177-0124-8

Ⅰ.①立… Ⅱ.①赵… Ⅲ.①家庭教育—文集 Ⅳ.①G78-53

中国版本图书馆CIP数据核字（2015）第050581号

书　　　名：立木与宝猪
著作责任者：赵　婕
出 版 发 行：中国发展出版社
　　　　　　（北京市西城区百万庄大街16号8层　100037）
标 准 书 号：ISBN 978-7-5177-0124-8
经 　销 　者：各地新华书店
印 　刷 　者：北京科信印刷有限公司
开　　　本：880mm×1230mm　1/32
印　　　张：4.875
字　　　数：73千字
版　　　次：2015年4月第1版
印　　　次：2015年4月第1次印刷
定　　　价：25.00元

联 系 电 话：（010）68990535　68990692
购 书 热 线：（010）68990682　68990686
网 络 订 购：http://zgfzcbs.tmall.com//
网 购 电 话：（010）88333349　68990639
本 社 网 址：http://www.develpress.com.cn
电 子 邮 件：mayinghua158@163.com

序一　母亲的发现

◎ 温儒敏

对于孩子还在上幼儿园或小学的那些父母，对乐于思考生命和情爱的读者，这套书是很"有用"的。

以《立木与宝猪》为例，该书记载了一个年轻母亲对孩子成长每一步的呵护和观察，其中有许多欢喜、慰藉、困扰、苦恼……等于是孩子的成长日志，又是母亲对自身角色的思考。

里边许多"母亲的心得"是鲜活感人的，那些从琐碎平凡的生活中悟得的"道理"，每个母亲都有兴趣，因为她们也可能碰到，感同身受，读了很自然会跟着去反思。

比如，多数父母可能都认为教育主要就意味着学业，家里只是辅助，而本书认为孩子是需要父母恒久费心的，不能依赖学校，想想，如果父母二对一都无力或者无心，怎能指望老师一个人对几十个学生还能耐心有加？

又如，现在整个社会对学校教育好像都不满，孩子对学校的态度也会受影响，可是书中认为既然无法逃避学校教育，就要让孩子信任学校，不一知半解去批评、抵触学校；即使自己所做的和老师的要求有变通，也要尽量让孩子感觉是老师的体系，不让他迷惑。家长要积极去弥补学校教育做不到的那些部分。

现在人们普遍很焦虑，也就常常告诫孩子对于社会要有警惕防范，例如不要和陌生人说话，等等。本书认为这尽管有些必要，但不宜过度，不要让孩子感到压抑，而应当从小给孩子植入"世界欢迎你"的生命密码，让他确信世界的友善。

书中还建议努力培养孩子的阅读爱好，认为这是良性生活方式，除了可以营造心灵的自由，获得智慧，还能让孩子拥有快乐与尊严。

书中提到，要交给孩子自信，呵护他对生命的感觉，这是随时随地的功夫，是暗中送给孩子的昂贵的礼物，没有价钱标签，只有孩子在生命过程中才能不断体悟。

作者说到，爱、害怕、羞愧、力不从心……所有这些，都要让孩子觉得是人性的"权利"，让他放松自己；而认真做事、善意为人、有主见、自立、敢作敢当等等，这些却要严肃训练，耐心引导。

　　甚至在一些很具体的问题上，作者也有她的建言。比如，提出不要用"脑筋急转弯"一类的问题来训练儿童智力，这样的问题，很多是对人类智力的滥用，是对人类智力的歪曲。等等。

　　很多人对诸如此类的"道理"未必不知道，但往往不是心不在焉，就是隔岸观火。读这本书，从一个母亲的角度重新去体验这些熟悉的"道理"，可能就有了新的理解，你甚至会突然醒悟：在孩子教育问题上是多么需要智慧。

　　书中很多"道理"都是从琐屑的生活中观察得来，并不让人感觉"说教"，也不是常见的"鸡汤"，其中会有困扰与问题，也读得到母亲的无力和无奈。书中写到，"过去父母担心孩子撒谎、不勤奋、品质不高尚，从邻居家的果树下捡一个掉下来的果子吃，也许都会挨父母打骂。今天，我们担忧孩子施暴、担忧他们过早的性行为、担忧他们到黄色网页、担忧他们性取向受到误导、担忧他们被毒品侵染……"这些担忧，书中也许只是提出，并未能解决，但已经压在读者的心头，促使大家去思考、探寻。合上这本书，也许我们会更加意识到，当代社会的多元和自由是幸事，但对于孩子的教育来说，也增加了难度。父母总有某种潜在的恐惧，他们怕这种不成熟的多元和自由会形成价值混乱，对于孩子的精神发育可能构成某种威胁。

书中写得最多的是孩子，包括孩子的心理、孩子的游戏、孩子的健康，以及家庭和学校教育、各种成长的困扰，等等，这些事都是人们司空见惯、却又未必留心的，赵婕却细细观察，有她的独特发现，这是"母亲的发现"，可以点亮生活的所有角落，让我们普通的生活突然变得有些陌生，而又那样饶有情趣。

书中除了写孩子，还写作者的双亲。那也是自己"为人母"之后才产生的对于双亲的回忆。这时候所怀念的母爱和父爱，是年轻时期容易忽略而且所难于理解的。也就是所谓"养子才知父母恩"吧。赵婕在叙写中饱蘸着感情，写得那样质朴感人。读完全书，我们体会得到作者把"写孩子"和"写父母"放到一块儿的特别用心。

这本书用的是随笔体，或者札记体，样式却有些特别。一节一节地记，不连贯，没有小说那样的情节线索，但又有贯穿全篇的人物，就是孩子和父母；断断续续的生活叙事中似乎也有不经意的情节，能吸引人读下去，然而全篇都主要是纪实，是纪实性随笔。阅读的魅力还来自那娓娓道来的亲切感，那略带抒情的书卷气，还有女性的细腻笔致，以及在叙事中不时跳脱出来的哲理思索。这一切都在证明赵婕正在探索一种颇有韵味的纪实性随笔。她已经取得了成功。

赵婕到北大读研究生之前，就喜欢写散文，发表过不少作品。几年重理论的学术训练，没有磨掉她的灵性与悟性，却打开了她的视野，她还是一如既往地热衷于创作。和同学们聚会，人人都高谈阔论时，她总是在一旁默默地看着，似乎是局外人，始终在细细地观察和思考。赵婕富于才情，她有特别的敏感和细腻，这也成就了她的作品。这些年她当过互联网白领、出版社编辑、畅销杂志主编，却又频频"跳槽"，原因还是希望能自由地安静地写作。赵婕大概只有在书斋里，在读书和写作时，才最能感受到自己生命的质量。

赵婕已经出版过"纯棉"系列作品，现在再一次用"纯棉"来给新书命名，给人温暖清新的感觉，是母性和女儿性中特有的那种感觉。这位女作家非常享受并持续地表现"女性",她的风格是温婉典雅的,远远区别于眼下流行的那些做作的"小资"或浅薄的"小清新",在当下这个过分物质化、以致粗鄙泛滥的时代,赵婕式随笔的出现,显得独特而珍贵。

2015年1月3日于褐石园

（温儒敏,曾任北京大学中文系主任,教授,博士生导师。现任北大语文教育研究所所长,教育部义务教育语文教科书总主编）

序二 "她世纪"的女性写作
与"儿童的发现"

◎ 马英华

　　我认识赵婕的时候，只知道她是《看历史》杂志的主编，不知道她就是传说中的"纯棉作家"。北京很大，相逢很晚。

　　找来人民文学出版社出版的《纯棉时代·感动》书系看，是十年前的旧书了，我还是能触摸到其中一些坚硬的心结、盐粒一样没有完全消融的情愫——尽管作者已经用"纯棉"的名义，把它们层层包裹了起来。

　　中国新文学新文化史上的先贤，从一百年前就开始呼吁"人的发现""女性的发现"和"儿童的发现"；文学批评家们则在二十年前预告：21世纪是"她世纪"，女性写作的个人化书写将转向打通女性与生活的联系、摆脱消费主义和商业裹挟，恢复其美学纯度和审美价值；新一代知识女性的写作，更多秉持雅洁、智慧、通达的人生态度，她们以人文主义为基础的参与意识，更值得期待。

　　我想，现在推出赵婕的《纯棉时代·亲爱》，也许正是一个不算久远的呼应吧。

这一次，赵婕携新作《纯棉时代·亲爱》书系回归，分别是《纯棉母亲》《立木与宝猪》《四周的亲爱》，笔涉母性、生命与教育，初步完成从时尚杂志主笔到纯文学创作的转型。脱略时尚美文的温馨浮艳和浪漫情调，炼成冬日白桦般的纪实性人文随笔，字里行间，犹如惊风飘白日，随处可见的是作者清冽的生命意识。有些句子，尖锐至极，闪电一样穿心而过。因为做了母亲，在大地上扎下了根须，她几乎是全方位地体验到"人与人之间深刻的共同经历所产生的亲密体认与互助，也默会到人在各种情形下的软弱和困境、隐情和苦衷"。

物质世界，三年即可刷新一个小时代，赵婕在隐身职场的十年中，起码又经历了三个时代，比如黑心棉时代、毒奶粉时代、雾霾时代，或者网络时代、自媒体时代、人人时代……还有很多共时性的时代标识，如以微信等各种手机终端接口为标志的移动互联时代。当她抱持着她的"纯棉信仰"再次回归，一个相互成全的时代也应机而来。

"纯棉时代"，它其实属于我们的古典传统中熟悉的"性情真人"，网络上的未来学家们称之为"高感性族群"。一花一叶间念天地之悠悠，一饮一啄间哀性灵之流转，在这不安的人间，他们能于尘劳碌碌中深切体察父母双亲；在这孤独的人间，他们能于最精微处看顾儿女；在这艰难的人间，他们能始终葆有赤子的心地。

高感性族群拥有自己的精神维度和审美品格，有信仰有皈依，常用近乎母性的力量与命运周旋缠斗，虽有直抵人心的天赋，却未必尽能在世俗人情社会中如鱼得水，反而常显得笨拙脆弱尴尬或不合时宜。但是当他们具备足够的格局和心胸，他们又往往是最有担当、最能担当的。他们能以高于理性的激情，慨然施爱，无怨无悔，这才使得人类被加冕为万物的灵长，人间被点化成情投意合的桃源。

当他们能够剪草为马、撒豆成兵般地缀字成文，把以热泪心血滋养出来的灵思敏悟，悍然、坦然地赋予形象、色彩、气息，呈献出来，与众生一同印证各种欲望心殇、灵魂互殴、亲情挣扎、创伤记忆甚至邪恶闪念，也就相当于告诉每一个人，你之隐衷，我可通感，你之哀乐，我亦备尝—— 这几乎是除了通过宗教之外，人类所能得到的最深切的抚慰、最直接的救赎了吧。

我第一次到赵婕府上拜访，就认识了她的儿子赵卿与。赵卿与也正是"亲爱"书系中贯穿始终的一位小主人公。他的名字来自《世说新语·惑溺》："亲卿爱卿，是以卿卿，我不卿卿，谁与卿卿？""卿与"，就是"很好相处"的意思。

在幼儿园的毕业纪念册上，赵卿与自述"我伟大地出生于公元……"他期待自己"成为一个VERY GOOD的‘人’"。虽然他不像巨人高康大是"从他母亲的左耳朵里出生"的，而且一生下来就会叫"要喝要喝"，但他的成长也有一些不同凡响的珍贵情节，十分值得摘录在此。

他两岁半开始遣词造句，从蜀葵花的蓓蕾中揪出"蜀葵花的婴儿宝宝"；三岁拒绝夜半把尿，宣布"我自己来，我自己来"；意外受伤后在母亲怀中奔赴医院，天启一般号令"小鸟在前面带路"；五岁成京城"井盖专家"，逗弄电老虎于股掌之中；六岁决定去爱一个丑女孩，为的是告诉她丑女孩也有人爱；七岁，解决对死亡、对父母离合的焦虑，并起草合同约束监护人；九岁，能以科技手段折服中发电子商城的小老板，以个人魅力蛊惑超市女工为他开小差，以挖掘技术赢得住家小区一众管子工绿化工的拥戴；十岁，他既能冷静地排除小伙伴的群体压力，在危险游戏中认怂，也能在老师无理摔碎他心爱的水杯时奋起反抗，把老师的教具变成杯具（悲剧）；十岁，他从出生时被误诊为重度听力障碍的患儿逆袭为钢琴九级优秀的辨音神童……

读完本书系，你大概能了解到赵卿与的孕育、诞生、成长、承庭训、受教育的种种，一些英明、伟大的大事记，一些恐怖而骇人听闻的事实或心迹。包括他的父母亲友的行迹和遗憾，都在他的生命中留下了可以追索辨识、足资为人父母者借鉴警惕的痕迹。

你会深深服膺民国老课本上的一句话："教育的最高境界是使人对生命敏感，物换星移不及一个小孩在谷仓一角沉思麻雀之死更加动人"，也会服膺人类学家玛格丽特·米德的结论："一个人得到稳定内在自我的途径，乃是始于父母膝下，舍此之外，别无他法。"

汪丁丁先生曾经为赵婕的《纯棉时代》书系提炼出"婴儿、棉被、水和阳光"的关键词，我想，这个移动互联的网络时代，正属于赵卿与这样葆有了精彩个性的数字儿童，也属于赵婕这样的人类情感书写者。因为，"纯棉"的概念，恰恰道出了网络的人文含义。

纯棉可以唤醒生命的感觉，网络会使得人类社会更为互动、更有人性、更富人情，为人们畅饮知识、畅饮爱情、畅饮真理免除许多障碍，让干巴巴的世界变得温暖柔润。但愿这是终极的相互成全，更是超越之后的回归。

感谢作者，在十年之后，奉上这一套《纯棉时代·亲爱》。

感谢读者，在窗前灯下，捧起这一套《纯棉时代·亲爱》。

（马英华，北大中文系硕士，本书系责任编辑）

序三 我的纯棉信仰

◎ 赵　婕

长夜体贴，呵待肌肤，纯棉是至善的。

白昼劳作，随身赋形，纯棉是至善的。

丝绸、锦缎、皮毛、麻绒都试过，自知，纯棉是至善的。

纯棉，随身密贴，浑然包容。如水之上善，刀进刀出，两不伤，水滴石穿，两不弃。

纯棉，真诚坚韧，有质有感。如山之大仁，远之适为容，近之有依傍。

纯棉，真挚素朴，坦然如月映江海，褶皱藏伤，温暖如日耀万物。

纯棉，真实自由，行到水穷处，坐看云起时。

纯棉生活，是清水洗风尘，平鞋走远路。

纯棉原则，是静水流深，平和持久。

纯棉爱情，是今朝两相视，脉脉万重心。

纯棉多情，是还君明珠泪双垂。

纯棉婚姻，是始怜幽竹山窗下，不改清阴待我归。

纯棉友情，是相见亦无事，别来常思君。

纯棉知己，是相看两不厌，唯有敬亭山。

纯棉精神，是云过大海浑无迹，天入名山未觉高。

纯棉关系，是我醉欲眠卿且去，他朝有意抱琴来。

纯棉孤独，是从此无心爱良夜，任他明月下西楼。

纯棉信仰，是倚天照海花无数，流水高山心自知。

纯棉归宿，是晚来天欲雪，能饮一杯无？

目　录

在这…艰难的…人间　　　　　　　1

温柔第一　　　　　　　　　　　2

无法逃避的学校　　　　　　　7

孩子与坏脾气老师　　　　　8

恐惧体育课的孩子　　　　　10

他人的言行　　　　　　　　15

繁重的学习　　　　　　　　16

玩ipod-touch　　　　　　　　18

阅读是最好的娱乐　　　　　19

母语式教育　　　　　　　　24

在一切细节中　　　　　　　30

20年的心血，20分钟瓦解　　37

自由选择的艺术　　　　　　42

国王　　　　　　　　　　　　44

秀给孩子的恩爱　　　　　　45

不在心里为自己招募敌人　　46

一匹马掉进坑里   47

想在孩子前面   48

人和人不同   49

什么时候和别人一样   50

到时候就可以了   52

看电视与上网   53

从父母怀抱到幼儿园   54

谁听谁的   57

神奇的"大突破"   59

礼貌和教养   62

意志的磐石   66

互相赞美的游戏   71

给予和接纳   72

和小孩谈生死   76

人性的权利   83

怎么说真话   84

青春期与婴儿期   86

家长的两个"知道"   88

家亲九记   **89**

外婆这样对你说过话吗   90

同性关系 98

栀子花与兰草的芬芳 102

精神生活 106

在平民生活中 111

生命印记 114

弯路与风景 116

荆棘与玫瑰 120

人格榜样 126

后记与致谢 131

在这……艰难的……人间

温柔第一

生病，每天熬中药，很琐碎。不舒服，熬着药就去躺下了。本来需要武火先熬开，再转文火。为了不起来，她就直接用了小火。睡觉起来，再大火烧了一下。

那药就很难喝。熬药，也和厨艺一样需要讲究。从泡药开始，先煎后煎，一煎二煎，定时器一响，就去厨房，要么下药，要么调火……整个过程需要心正意诚。

孩子，也是父母的一场病。孩子的成长，仿佛也是病去如抽丝，缓慢如盼望铁树开花。

吃药时，不知道那药是不是真有效用，也本着信任或者试一试的心情，去坚持那些疗程。因为，你害怕，无可救药的一天。小时候学过《扁鹊见蔡桓公》，讳疾忌医的结局就是没法补救。

至于熬药的过程，也需循章据法，否则苦药更难喝。对孩子，父母老师也要温柔第一，耐心、得法，把孩子当成自己的伤和病，善护念，善护惜。

孩子从学校回来，多次讲起他班上一位同学A。

A在体育课上，老师对他不客气；发午饭时，老师总是最后给A；其他课上，A也总在挨批评；A的试卷上全是大红叉，怵目惊心；有些家长们甚至因为A调皮捣蛋，想给自己的孩子转班。

她问孩子，A有什么优点？孩子说：A会跳街舞，善于和人交流，能和人主动打招呼，有自己的思想。

孩子为A打抱不平，认为老师对A是有偏见的。

她对孩子说，人人都有偏见，偏见对于任何一个人来说，就像他生下来就长着眼睛一样自然。或许，你说老师有偏见，这正是你自己的偏见呢。

她对孩子说，A上课捣乱无所事事，其实比花工夫学习还痛苦，也给老师家长很多麻烦和痛苦。他有自己的长处，愿他将来也有一个不错的人生，如果他幸运地找到了自己人生的突破点。但是，现在，他不做些改变，很难再获得尊严。

不知道孩子是否懂她的意思。她希望他，理解A的难处，尊重这个同学；也希望他理解老师的难处。

整个晚餐时间，她从各个角度，用各种比喻和例子，来给孩子讲如何对待别人的偏见和误会：比如不因自己的偏见和误会妨碍他人；如何防范或者不在乎他人对自己的偏见和误会等等。好在，孩子是个数学脑袋，喜欢逻辑严密和论证完备，一直听得很入神，还努力发现她哪一方面没有说到。

最后，他说：你累不累？为给我讲一滴水的道理，需要搬来满满的水桶。

孩子不喜欢学校的学习，因他有自己特别感兴趣的知识领域；他更喜欢自我钻研，学校一板一眼的管束对他极为痛苦。

刚上初一时，他问她：受完义务教育，他是否能够就不上学了。

小学阶段，他只是喜欢学校的信息课，每周只有一节，常被老师随意换掉，他既愤怒又伤心。后来，上了初中，逐渐喜欢新学校的重大理由，是信息课不再被随意取消或者换掉，他的钟爱得到了尊重。

令她心疼的是，孩子·也能克己把他不喜欢的事情坚持下来。她和伴侣尽力陪伴他完成学习任务。他这种状态，像骨折病人，依靠石膏绷带过渡，最后就能自己站立走路。

伴侣曾对她说："如果系统暂时无法优化，只有靠持续的补丁维持运转。有些孩子的确是需要父母费心的。假如我们不管儿子，不凭着恒心坚持，他的状态会和A完全一样。家里父母二对一都无力或者无心来管，更别指望老师一个人对几十个人还能做到耐心有加。家校放弃，社会氛围再施加压力，一个孩子的必然归宿就是A那样的状态，一个人就此毁掉生命的尊严。"

有时精疲力尽，她会闪念一想："那些不要孩子的夫妻，恐怕是敬畏生命艰难的先知吧？我无知无畏，选择了成为母亲，就愿赌服输，好好匍匐在为人父母的悲欣面前，终身受用吧。"

她年轻时候，曾做了几年教师。她是大孩子，学生是小孩子，差点被气哭时，她就怀抱一个让自己不被打倒的信念："这是我的饭碗，我以此维生，就愿赌服输，好好匍匐在为人师表的苦乐面前，坚持到底。"

后来，她觉得自己的温柔耐心真不够用，不敢误人子弟，就另谋生路。但，无知无畏又做了母亲，除了一辈子走到天黑，她再也无法"另谋高就"了。

* * *

无法逃避的学校

孩子做作业，她去当他的同桌。

语文老师让把所有词语重复写两遍。孩子写字费劲，作业多。她让孩子会写的写一遍，不会写的写两遍或者两遍以上。

孩子说，不要随便改变规则。她说，这不是规则。老师的目的不是为了让你们写两遍词语，是让你们会写这些字词。

在厨房一起吃零食的时候，她继续给孩子讲：学校教育是成本最低但又希望效率最高的教育，是一刀切的教育，即使老师有因材施教的理想，有时候也力不从心。家长配合学校辅导孩子学习，就是弥补学校教育做不到的部分。

既然孩子无法逃避学校生活，她倾向于让孩子有点学校信任，内心不混乱，不一知半解去批评学校，抵触学校；她所做的和老师的要求有变通，也要尽量让孩子感觉是老师的体系，不让他迷惑。

* * *

孩子与坏脾气老师

孩子说，同学议论某某老师脾气不好，还批评人。

她让孩子看到老师热心的一面。给他讲，脾气好有两种，一种是修养好，一种是心冷漠。父母养一个孩子有时候都脾气不好，何况老师要管那么多学生，尤其是班主任。

她要孩子看到老师特别为他费心之处。

她要求孩子，即使别人说老师，你也不许乱说。你有什么想法，可以和妈妈交流，等到你更大些了，会识别人了，有了自己信任的朋友，不愿意和妈妈说的话，能与可靠的朋友交流。

孩子问，什么是可靠？她说，对于多数女性，守护秘密是个负担，对于心机不纯的男性，出卖秘密也不难，你要学会权衡孤独或分享的代价。

她告诉孩子，你可以和长辈平等交流，也不必迷信老师，不必对老师唯命是从。但从礼貌和伦理上，你要尽量记住长辈无过错。为什么呢？长辈容忍孩子，说孩子无过错，这是慈爱；孩子容忍长辈，说长辈无过错，这是尊敬。

这两方面都是讲情不讲理，彼此之间都是无条件的。

世界上不应该有单方面无条件的事情。

* * *

恐惧体育课的孩子

周三，孩子在体育课上被老师"提小鸡"了。

就是违反某个指令，被老师抓住胳膊像抓小鸡一样提到一边去。

孩子说，他当时被老师提到一边了，他就抓起跳绳的绳子想当鞭子抽一下老师。还说，他希望以后不上体育课了。又说，很多同学，无论男生女生都被提过小鸡。

我问他原因，看我态度温和，确定无论什么原因都不会批评他，他才断断续续在几次谈话中，告诉我，因为长跑三圈，第一圈他跑下来觉得胸口不舒服，他停下来，老师就提了他。

我说，那你告诉老师你身体不舒服啊。他说，老师不会听他说什么。我说，那你给老师写成书面的，过后解释一下也行啊，总之不要让老师误会你是故意捣蛋。无论当时还是事后，沟通是重要的。

孩子说，老师知道了他身体不舒服，就会送他去校医务室。我说，那好啊，老师很关心学生啊。孩子说，可是，我也不严重，不想这么费事。

过了一会，又对我说：好吧，下次我争取不被老师K吧。

周四晚上，孩子呕吐。

周五早上一口饭没吃。他说，那个跳绳他总搞不好。我鼓励他还是去上学，等到周末，我们一起来练习跳绳。

孩子坚持让我给他请体育课的假。我以他的名义给老师写了假条。他轻松地上学去了。

下午，他提前从学校回家了。他告诉我，周五的体育课换到周一了。大概他觉得自己白请假了有点失落，这种机会不能滥用啊。晚上，继续呕吐，然后睡着了。

我知道，精神紧张是孩子呕吐的重要原因，体育课的事情还没有完，我得想想办法。

我对爸爸说，孩子现在睡着了，心里压着东西，孩子比我们想象的要敏感脆弱，而天真和蛮横往往又掩盖了这些……

周六早上，孩子到我的床边来，我对他说："我做梦了。梦见上体育课，体育老师来提小鸡，结果他的胳膊太累，掉在地上了，像商场里掉了胳膊的模特儿那样。"

孩子开心地笑起来，说，搞惩罚的人自己也被惩罚了，这不是你的坏事，是他的坏事。接着他问："是你小时候的体育老师，还是我的体育老师？"我说，是我小时候的体育老师。

他问，那你被提过小鸡吗？

我说："被提过呀，五六次呢。我因为近视眼，体育太差。"

我又夸他体育课表现比我好多了。

然后，我们就谈到他正在读的历史杂志，我给他讲了一点"文革"时期学生的事情。我说，那个时候，有一段时间，学生很厉害，他们可以随便打老师，可以当白卷英雄。给他讲了一些混乱的事情，又停住问他："究竟老师管学生合理一点，还是学生打老师合理一点？"孩子说："还是老师管学生吧。"

到此为止，似乎让他发泄完了在体育课上受到的委屈，回归到了应有的理性。

周末两天，我和爸爸陪他练习跳绳，直到他胸有成竹，不怕下周体育课。

我给他讲，学生在体育课上犯点小错误，老师处理的方法有点小错误，都是可以原谅的。就像人生点小病，调动身体的免疫系统操练一下，可以提醒我们注意健康，这样就可以不得大病了。

人不怕小病和小错，就怕大病和大错。一个人想成为一个能力更大的人，就要不断从小错中总结，以免犯大错。

大人物犯大错是非常可怕的，小人物犯大错也是可怕的。人又不能避免错误，所以，小错小病很好啊。

孩子似乎一下豁然了，问我：法国大革命是怎么回事？美国女权运动是怎么回事？

他的关注点转移了，心里的问题大概不存在了。

周一早上，胃口大开吃了饭，轻轻松松上学去了。

孩子呕吐，没有看病吃药，给他的方子，就是陪他克服跳绳难关，加上琐碎的谈话，处心积虑又漫不经心的谈话，像针灸一样，打通他情绪的穴道，消除他内心的不安。

* * *

他人的言行

孩子说，某老师在课堂上说某位调皮同学是SB。

我告诉他，在"文革"年代，学校都不让学生学习的时候，还有人偷偷学习。

我说到几位北大老师，都是孩子认识的。我说，过了几十年，我们就知道每个人对自己行为选择的结果是什么了。不管同学捣乱也好，老师说SB也好，一个人自己要有定力。一个人，需要在一些时候，和他人的言行不动声色划清界线。老师父母因为是人，他们就可能"出状况"，但他们身上有好的东西可以学习。

趁机让他理解"隐恶扬善""见贤思齐"这两个词的意思。

* * *

繁重的学习

我和孩子爸爸争论，觉得他太重视孩子的学习，还悄悄和孩子一个阵线捣乱，用小诡计逃避部分学习。

朋友对我说："你让孩子现在顺其自然，长大了他就处处不自然。你必须让孩子加入竞争。有些孩子等到懂事之后，发现自己在同学中落后，没有自尊，会回去责备家长在他小时候不懂事的时候，没有督促他去做那些应该做的事情。"

我看《昨日的世界》，也让孩子看我给他挑选出来的章节：关于欧洲19世纪末20世纪初的中小学教育状况。茨威格那一代的维也纳孩子，如何学业繁重。我也给孩子讲清朝的皇太子们如何在凌晨就要起床学习。孩子说：你不觉得皇帝都很短命吗？

我说，皇帝短命的原因很多呀，我们不是说过"复杂性"原理吗？你不能只是为我所用，故意简单思维，对吧？

其实，我也知道，问题不只是在学习任务是否繁重，而是学什么、如何学。七八岁时候，他对自己感兴趣的事情，曾经研究到大半夜，何来繁重。

* * *

玩ipod-touch

孩子说，爸爸老在玩刚买的ipod-touch。

一周后，这里面装满了各种学习资料和软件。

放学上学路上，睡觉前，早上醒来……很多缝隙时间，这个玩具都像紧箍咒一样，让孩子无法摆脱。孩子求救："妈妈，我不想和爸爸玩那个东西了。"

如果不是装满学习资料，孩子喜欢玩电脑和ipod-touch，陈焱夫妇把这些东西都当成管理孩子的辅助工具，尤其在旅行社交中，可以保持孩子在餐桌上的安静，不妨碍大人交谈。

和师友聚餐时，10岁孩子和5岁孩子手里各有一个ipod-touch。

两个孩子眼睛没有近视，他们有不能玩电脑和ipod-touch的时间。

如果违规，电脑时间会被取消。

* * *

阅读是最好的娱乐

人喜欢吃甜食，是后天养成的。其他很多习惯也一样。孩子甜食吃得越晚，不霸占他的感觉，对其他味道的接受越多。

读书的习惯养成得越早，孩子和父母受益也越早，读书对孩子的时间"霸占"越多，孩子与其他坏习惯绝缘的可能性也越大，健康的图书世界传递给孩子的信息越多，父母的教育也越轻松，孩子的自主性也越强。

在孩子的婴儿时期，需要全职母亲或者称职的保姆，从孩子的幼儿时期开始，健康有趣的阅读品，成为当务之需。

用心培养孩子对图书的亲近感。

教育孩子阶段，做父母应该寻求的最大帮助，是图书。越会偷懒的父母，越早给孩子播下读书种子。找对了书，有了一个应有尽有的世界，父母就有了最大的依靠。无论是居家还是旅行，是忙于工作，还是和朋友聚会，一个能够在书中自得其乐的孩子，能够赐给父母莫大的自由。

手忙脚乱的时候，递给孩子一些合适的读物，给他合适的光线，让他有一个良好的姿势，让他有间断休息的方法，父母就可以从被孩子纠缠中轻松解脱出来。

有些幸运的父母，偶尔会因为孩子过于沉迷书籍，或者认为世界上好书太少而忧虑，不过，这比一个无所事事的"多动症"孩子给你的忧虑毕竟小一些。

做了母亲，而不失去自己读书的乐趣，最好的办法，是让孩子也爱上读书。

孩子出生后几天回到家里，我就在他床边放了一两本棱角不硬的书。让书和衣食一样成为孩子生活必不可少密不可分的一部分。

在他懵懂无知的时候，哪怕给他这种氛围。

孩子下楼晒太阳，我也跟在保姆和孩子身边，一边晒太阳一边读书，偶尔和孩子玩一玩。孩子更大些，我喜欢随时读书，节假日外出也带着书。

书房、客厅、厨房，到处有个读书的母亲在孩子眼中。

孩子再大些，每天睡前都给他安排阅读时间。

孩子两岁前后，迷恋阅读。他调皮捣蛋，说什么也不管用时，拿一本他的书坐到一边，开始大声朗读，孩子就像小狗熊嗅到蜂蜜味道一样，快速地跑过去，安静地坐着，看着书，听朗读。有时候，要把两三本书读完，才同意停止。

给孩子朗读，陪孩子一起阅读，不仅只是亲子阅读成果，先是对那段时光的共同占有，就像恋人在一起厮混一样，孩子享受和父母共度的快乐时光。

等孩子长大，离开父母，成为孤独的成年人，曾经与父母共同阅读的情景，最初为他大声朗读的时光，也会深深留在心底，成为温暖的回忆。

　　并不在阅读的时候教孩子认字，因为会打断阅读的流畅。

　　有很多时候可以趁机教孩子认字：打开零食袋子之前，走在广告牌前，去某个场所……利用了零散精力，认了少量的字，培养了孩子随时学知识的习惯。

　　孩子幼年，从他不识字开始给他阅读，逐渐培养他的阅读品位。

　　过去年代的母亲，会给儿女留下童年食物的滋味，令其终生留恋；当代父母可用心，在孩子童年开发其精神味觉，引导其文化品位，拒绝低俗就有了前提。

　　我之极力培养孩子的阅读爱好，除了为我自己的自由自在，我还喜欢我的孩子一生拥有他的尊严，包括阅读带给他的有尊严的快乐，某些时刻抵御孤独的尊严。

　　有书在侧，触手可及，他有能力和习惯享用它，人类里所有精英会聚一堂，像母亲曾经给他的拥抱那样慰藉他的孤独时刻。

毛姆说："同一辈中有聪明人发现理性的乐趣是最完美、最持久的。养成读书的习惯，很有好处。很少的娱乐能在你过了壮年而继续使你从中感到心满意足的；除了玩单人纸牌、解象棋残局和填字谜之外，没有你可以单独玩的游戏。

"读书没有这种不便……没有一种活动更容易随时拿上手，随便拿上多久，同时有别的事情要干的时候，又更容易放在一边。在幸运有公共图书馆和廉价版本的今天，没有一种娱乐比读书的代价更便宜。养成读书的习惯，是给自己创造一个逃避几乎一切生活愁苦的避难所。"

* * *

母语式教育

爸爸在幼儿园家长会上的交流：

孩子，像天上的星星一样，每一个都是亮晶晶的，满天繁星，仿佛一模一样。

每个孩子都是不同的，性格不同，兴趣不同，不要试图把所有孩子培养成一个样子。要用多个标准去评判"好孩子"。

除非孩子严重缺乏自信，否则不必当面称赞孩子多么聪明，也不必称赞孩子长得如何漂亮。天赋是无法公平的，称赞孩子的天赋，是对这种不公平的有意夸张。

聪明和漂亮只是小范围内的相对比较，这样的称赞，固然会让家长高兴，并不会对孩子产生积极的影响。

要多多称赞孩子通过努力取得的进步和可喜的变化。

教育，应该是顺势而为自然而然的过程，是一个长期的过程，不必过于功利，或者要求立竿见影。

母语式的教育，是最轻松自然的教育方式。很少有人觉得学母语是困难的。对于儿童来说，学习任何文化知识，都应该像学习自己的母语一样轻松自然平常，没有障碍。

这就要求各个学科的教育者们，要努力建立母语式的环境，让学习成为自然而然的过程。点点滴滴，春风化雨，润物无声。

作为家长，要随时做有心人。见缝插针，随时随地，力所能及，有意识地对孩子进行全面渗透。言传，身教，熏陶。不低估孩子的接受能力。

儿童教育，要有时间概念。

有的能力，儿童时期才能培养训练的，比如耳朵对乐音的辨别能力，错过之后就很难弥补。音乐和语言一样，童子功是很重要的，也能够事半功倍。

音乐和语言，是非逻辑性的，感性的，也是最难培养的。最好的老师是时间。

更多的知识，是纯粹的智力和逻辑游戏。

比如数理化等。一个人的数理逻辑能力，会随着年龄的增长而自然增长，是可以强化突击的。往往是，数学能力强的人，物理化学地理生物等也不会太差，短时间的突击学习，就能完成一次巨大飞跃。

对小学生来说，更多的是培养对科学知识的兴趣，激发求知欲，以及培养面对问题时的严谨、细心和耐心。

不要用"脑筋急转弯"一类的问题来训练儿童智力，这样的问题，很多是对人类智力的滥用，是对人类智力的歪曲。

大道至简。1+1就是2，过多的讨论与争论，是误入歧途，是浪费时间，也许在极其个别的情况下，有别的答案，但这绝对不是普遍规律，最多可以称之为小聪明。

而小聪明，是无法推动世界进步的。

一台电脑，想象中好像极其复杂，其实，电脑的原理，不过是简单逻辑的累加。二进制，十进制，16进制，非，与，或，异或，高电位为1，低电位为0等等。这些逻辑，是简单而严谨的普遍规律。复杂的科学规律，也是如此。

父母是距离孩子最近的成年人。父母的言行习惯，对孩子造成的影响最大。所以，父母要注意自己的语言和行为，给孩子示范。比如，不想让孩子说脏话，父母就不要说脏话。

除了向别人道歉，不要当众斥责孩子。如果必要，可以替孩子道歉。但事后要明确告诉孩子，自己是替他道歉。

对犯了错误的孩子，要有"大将风度"。对孩子的错误，要回家后，跟孩子进行单独的正式的谈话，明确告诉孩子，其行为是不妥当的，不要有第二次。

确实很大的错误，要表现出真正的愤怒。适当的生气，是对孩子的错误发出的强烈信号。但要想好怎么收场。孩子毕竟是孩子，不能跟孩子真正斗气斗狠，在生气的时候，千万不要乱了方寸，更不要说恶毒的狠话。

理智的生气，是为了给孩子施加适当的压力，使其真正认识到问题的严重性。

在孩子犯了可能危及自己和别人生命安全的错误时，要用最强烈的生气，给孩子在头脑中打上深刻的记号。但这种方式千万不能滥用。

不要让有目的有节制的生气，变成漫无目的失控的发泄。

在孩子之间出现矛盾时，家长之间一定要大度。家长切勿大惊小怪，也不要偏心自己的孩子，大气地对待孩子之间的矛盾争执。不要斥责别人的孩子，主要让自己的孩子认识到自己的问题。最好的方式，是暂时让孩子分开，不处理，或者冷处理，事后再分析谁对谁错。

在对孩子进行了严肃的批评教育后，要让孩子的心情尽快恢复过来。

不要让孩子感到压抑，能让孩子在接受教育后，仍然阳光灿烂，才是最好的教育效果。

* * *

在一切细节中

母亲在幼儿园家长会上的交流：

教育是无时无刻不在的教育，不是某个时段某种形式的教育，融化在一切细节中。

人的自信来自对世界的驾驭和他人的评价。

孩子经培养获得生活自理能力，自己解决问题，就可以从驾驭事情和得到反馈性好评两方面同时获得自信。

不必凭空表扬孩子，也不克制对他实事求是的赞扬。孩子走路很稳了，让他自己开灯。开不到，就让他想办法。提示他搬凳子，凳子不够，又提示他加书垫高，一本不够，可以继续。这样，就教会了孩子想办法达成目标。他就会举一反三用类似的方法取高处的东西。

孩子很满足，很自信，就会更喜欢自己解决问题。

健康的自我感觉是一个人生命的根基。

亲近者对孩子的接纳可以给他植入"世界欢迎你"的生命密码，这个密码在他需要的时候，让他确信世界的友善。

与人类永恒的价值观建立正确的联系，对孩子很重要。

善良、感恩、懂得回报和接纳、懂得欣赏和关心他人、礼貌、尊重他人、懂得善待自己、知道生命中有工作也有娱乐、珍惜美好事物等等，这些东西都是在一切活生生的场景细节中随时灌输，潜移默化的。

比如，孩子给我吃东西，我就高兴地接纳，感谢他对我的关心；别人通过我送给他礼物，我也要找机会让他自己打电话说谢谢，哪怕象征性的也行，让他知道是谁送了他礼物，让他感知一个爱他的世界。

有时候，我做家务累了，要泡一杯茶，我也会告诉孩子，妈妈要享受一会儿闲暇；有时候，看到鲜花，我会赞美，也会对着他赞美不在眼前的人。

习惯是一个人可靠的依赖。用了东西还原，讲卫生，适合自己的作息，这些都有益于人生的顺畅。

孩子注意安全需要成为习惯。我曾用唱歌的方式告诉他"高高的没有栏杆的地方不能去""没有井盖的深井不要靠近""地下室孩子不要随便去""电危险"等。

他喜欢插插头，我们就发明了"插假电"的说法，可以插到沙发缝里。告诉他有些电源是"安全电"。有些东西能看不能摸，遇到烧电焊，要保护眼睛等。

经过高而不太危险的台阶，第一次就不抱他，而是告诉他"正确的方法"，让他扶着东西，脚先着地慢慢下。他单独的时候，就能应对。让他有分辨安危的意识，处理问题有方法比较的意识。

期限意识对成长的孩子很实用。

孩子想做某件事情时机未到，就告诉他，等到多大时就可以。

要提很重的东西，他的关节还不牢靠，等到大一些就可以；碰电源也是大些就可以。

孩子不觉得自己无能，被限制，知道只是一个期限问题。

到青春期前后，性的问题、早恋的问题到来时，孩子已经养成了以"期限"意识思考问题的习惯。孩子就在权利、能力和时机之间建立了顺畅关联。

独立与互助，这两面对人都是重要的。

孩子有时故意在是非面前顽皮，家长给他表达判断的机会，稍作指引，孩子大多会弃"非"就"是"。有意识的引导性表扬，有利于固化良性行为，孩子确立自我负责的意识，对他未来的独立很重要。也不能让孩子太"独"，过度"个人英雄"，引导孩子在需要时学会寻求帮助，懂得助力他人，有了互助观念，和他人更容易建立亲密关系，尤其利于未来的家庭生活。

观察表达的能力让人的五官生得有意义。

人感受、体察、了解自己面临的对象，无论人、事、物，安危、常变、美恶，他人和自己的需求等等。生命因此存活、存在，有意味有意思有意义。

室内一棵景观树也可以是培养孩子观察表达能力的教科书。树叶的颜色、味道，黄叶洗了放在玻璃碗里显现的脉络，可以提示孩子说出与季节有关的小秘密。

孩子的表达能力有助于关心他的人对他的了解。

在眼前，幼儿摔倒了，也让他讲给我听刚刚发生了什么，描述不准确，就帮助他重新描述。从外面活动回来，也让他给大家讲看见什么了，做什么了。久了，他就习惯了交流沟通。特别告诉他，自己有什么需要也要表达明确，不然别人并不知道等等。

当我们到一间屋子准备说话之前，需要先找到自己的位置，看看听我们说话的对象是谁，然后才开始说话。孩子来到这个世界，仿佛我们走进一个陌生的房间要开始讲话。

感受到爱、获得基本能力、养成常用习惯，是让孩子先在这个世界上找到一个舒适的"座位"，然后，才是他的"讲话"，也就是更多技能的培养，更多潜能的开发。

固然有人把追求伟大放在取得幸福的前头，甚至顾此失彼，更多父母，是要让孩子感到快乐幸福，再期望他更加优秀。

要孩子优秀，也是能给孩子幸福的那种优秀，而不是以抹煞幸福为代价的那种优秀。

孩子的教育仿佛家政工作。

智力教育、技能培养更多像是"面子活"；情商教育，是"细活"，是保持隐秘角落的整洁。教育者本着至深良知，为孩子着想，而不只是为自己的"成就"着想，才有热情做很多暂时或者永远不为人知的工作。

立竿见影的工作是教孩子数数，一个小时前不会，一个小时后就会了；交给孩子自信，呵护他对生命的感觉，是随时随地的功夫，是暗中送给孩子的昂贵的礼物，没有价钱标签，只有孩子在对生命的使用过程中才能恍然大悟。

* * *

20年的心血，20分钟瓦解

一位妈妈说：曾经花了20年精心培养儿子，但一个女孩子不到20分钟就彻底瓦解了她20年的心血。

老一辈父母常说：儿孙自有儿孙福。看不见的无法操控的未来，是父母的难题。

父母常常内疚的还有过去，束手无策的还有当下的每时每刻。

很多时候感到为人父母力不从心。我记得孩子两岁左右的情景：

出门上班的时候，孩子没有醒来，我走得很利索，心里很空；孩子早早醒来，我那碗燕麦粥就要被打断四五次才能吃完，化妆他更要捣乱，我就干脆放弃。

儿子看守妈妈，有点像警察和小偷之间的游戏。

某天早上，我吃早点第三次被打断的时候，出门的时间已经快到了。孩子依然拽着我的手，我挣脱了他的小手。他顺势就倒在了餐桌下的地板上，我故意不理他，他就跑到床上用被子捂着头，一个人沉默着。过了两分钟，我去把他抱起来，他又很高兴地捣乱。

我顺口说：那你还是到床上去哭吧。

我话音刚落，他就快速跑到了床上，又把自己捂在被子里。

我趁机就走掉了。在路上，在中午吃饭脑子空下来的时候，我一直在想，为什么要那样对两岁的儿子说话。

内疚是一种力量，感谢是一种力量，热爱是一种力量，而这个幼弱生命，他的一个最简单的小小举动，却汇聚了这几种力量，深深击中我。

不只是某天欠缺孩子一个陪伴的内疚。更多的爱和怕呢？

做了父母的人，是幸福的人，也是担惊受怕的人。

为孩子担忧，从古至今的父母大约都体会过。当代父母的心情如何呢？对于强者来说，当代社会的多元和自由是最大的幸事，对于柔弱单纯的孩子来说，这种多元和自由的过渡期正是新一代父母们恐惧的根源。

豕突狼奔的大地上，一朵生长在尘土里的玫瑰如何免遭践踏？即使在一个和平的国度，没有恐怖主义和战争，但是毒品、暴力、性、瘟疫、物欲、冷漠等等都是孩子生活的阴影。

如何避免孩子们学坏?

过去的父母担心孩子撒谎、不勤奋、品质不高尚。从邻居家的果树下捡一个掉下来的果子吃，也许都会挨父母打骂。

今天，我们担忧孩子施暴、担忧他们过早的性行为、担忧他们到黄色网页、担忧他们性取向受到误导、担忧他们被毒品侵染……这些担忧几乎都是"重量级"的担忧，压在父母们的心头。

还有一些父母，对自己教育孩子的责任心和能力都十分自信，给了孩子优秀遗传、优越的生活条件、自身有良好教育背景的"中产阶级"父母们，更担心的是资质良好的孩子受到意外伤害，也就是"穿鞋的"怕"光脚的"。比如孩子文质彬彬，各方面出众，或者青春期受到很多异性青睐，被妒忌、被纠缠、被合谋伤害的可能性都有。

然而，孩子不能被藏在铜墙铁壁的屋子里，孩子总是要在这个世界上长大生活，要脱离父母的视线。怎么办？怎么办？

父母不仅要从小教育孩子有鉴别力、有定力、有良好的习惯，不被坏人坏事所污染；还要教育孩子结交可靠的朋友，具有洞察环境和人事的能力，具有适当的本领，以及处理危机的常识和技巧，能够趋利避害。

一些父母关心社会公益事业，关爱其他孩子，"幼吾幼以及人之幼"，在私心里怀着良愿，希望凭借自己哪怕点滴的努力，尽力给自己孩子生活的这个世界增添点滴的美好。

孩子的教育，谁也不敢过于乐观。所有的努力，仿佛也只是一厢情愿罢了。

做父母的有什么选择呢，即使费尽心思去教育，也并不敢保证未来如愿以偿。只是，做过种种努力和探索之后，除了阶段性的收获，至少对未来有更多理由期待吧。

无论我们如何努力，我们也终究只是渺小的平凡的父母，我们做不到完美，那么，让我们尽量努力，互相取经，做到尽可能好吧。

＊　＊　＊

自由选择的艺术

汪丁丁先生在《人生圆桌话题》中有一段关于"教育"的文字：

一个真正的自由主义者面临的最大挑战是"教育"。因为教育总意味着将一种观念加以强化，从而忽略了那些"缺席者"。面面俱到的教育，即便不是不可能，也已经失去了"教育"的目的。教育者总不得不替受教育者作出选择。所以教育是一门艺术，一门"自由选择"的艺术。

一个人的完整教育是在家庭教育、学校教育、社会教育的共同塑造中完成的。在中国有一句很重的骂人的话是说某人"没家教"。

有人可以自嘲自己"没文化"，但很少人拿"没家教"来自嘲。家庭教育对人是首要的。学校教育和社会教育的成就，立足于家庭教育。

一本《好妈妈胜过好老师》深得人心，这本书的题目，恐怕也道出了目前人们对学校教育的失望和社会教育的担忧。

家庭教育需要父母、亲族、邻居、朋友、孩子共同协作。

这里面，有分歧，有共识。每一对父母不同，甚至同一对父母养育第二个孩子也不能照搬前一个孩子的方法。分享和交流经验，以期触类旁通，是父母们的乐趣。

* * *

国王

国王要求王子学会至少一门手艺。王子学会了编席子。

王子遇到危难，就编了一张席子，对困住他的人说："你拿着这张席子，到皇宫附近去卖，可以换回价值连城的珠宝。"

歹人将信将疑，照他的话做了。

国王正在四处寻找王子，见到仆人带回去的席子和卖席子的人，就给了那个人价值连城的珠宝，并跟踪那个人，救出了王子。

故事似乎是告诉父母，给孩子一个王国，都不能代替给孩子随身携带的智慧和能力。

* * *

秀给孩子的恩爱

日常生活趣味，决定了无数普通人的生命质量。

我期望孩子看重家庭和亲情，在他很小的时候，就给他舒适别致的家居服饰，出门回家，就让他换上干净的睡袍。

爸爸回家晚，提醒他给爸爸留着门厅的灯。请爸爸帮忙佩戴首饰，也不避讳孩子，希望他懂得将来和伴侣相处的细节关怀。

* * *

不在心里为自己招募敌人

让孩子始终拥有自己的个人坐标，不和别人比，为别人的好而快乐，为自己的好而知足不怠。

激励孩子的措辞，尽力避免以比较的口吻谈及孩子的同龄人。鼓励孩子尽量看到身边人的长处，欣赏他能和出色的人交朋友。

看准自己心中目标，不与身边人"比武"，放松真诚，不剑拔弩张在心里为自己招募"敌人"，不在迎战状态生存。享受自我进取而不失从容的人生。

* * *

一匹马掉进坑里

一匹马掉进一个坑里的故事：

一个深坑，那匹被人推进坑里的马根本无法上来，那些人还要铲土把它埋掉。每一铲土都被马用力从身上抖掉到脚下。马脚下的土越堆越高，土堆到适当高度的时候，马一跃而起，解救了自己。

这是我讲给孩子很多遍的故事。

* * *

想在孩子前面

陈焱社交广，生意和投资事务也不少，还创办学校当老师，这都不妨碍她把两个孩子管理得井井有条。除了在孩子婴儿时期，父母帮助过她一段时间以外，都是她和伴侣自己带孩子。她摸索到繁忙母亲和孩子愉快相处的办法，就是事事想在孩子前面。

孩子的注意力是有限的，而大人做事时不喜欢老被打扰。一边带孩子一边工作时，她总是预先在脑子里安排够孩子一系列的活动，就像设家宴招待客人计划菜单一样，一道菜没有吃完，就要接上另外一道菜，以免在客人面前失礼。

家长不想在孩子前面，孩子一个项目玩完了，自然要来找家长，家长脑子里没有成熟的主意，就会心不在焉地敷衍孩子，孩子就会不满意和淘气，家长更加不耐烦，孩子更加纠缠，恶性循环就开始了。远远没有提前替孩子计划来得事半功倍。

* * *

人和人不同

孩子还需要另外一些更加重要的"早教"。这是那种类似打疫苗的早教。

预见到孩子成长中容易受到各种社会习气的感染，就提前给他们将来的免疫力。

一些朋友常开车来接我带孩子出门玩，朋友相聚的热闹玩耍都很尽兴。孩子就把快乐和车联系在一起了，有一天对我说："妈妈，我们家也该买车了。"

我告诉孩子，出去玩耍，车给了我们方便，但快乐是因为和朋友在一起。

我让孩子理解：私家车之外还有别的出行方式；没有足够的钱，需要车也不能买车；有足够的钱，不需要车也可以不买车；所有人都买了车，有人也可以选择不买车。人和人不同，人的选择不同，不只在车。

* * *

什么时候和别人一样

孩子不喜欢和老师同学一起齐声朗读。

我告诉他，有些时候可以和别人不一样，比如，别人买车，我们不一定买；别的同学喝可乐，我们不一定喝。有时候，人最好和别人一样，比如上课时候听老师安排。

说起来是有点难，通过编造各种故事，总算让他明白了人随时面临"同"和"不同"的选择。

他看到别的孩子不上幼儿园，问我为什么他必须每天上幼儿园，我说，人和人不同，他竟然就不吱声了。别的孩子要在楼下玩耍到睡觉前才回家，要他早半小时回家，也只要给他一个"人和人不同"的理由就可以了。

还设想一些和小朋友在一起的情景，比如放学后，别人去网吧打游戏，他去不去，为什么不去。他的回答也是"人和人不同"。

孩子才五岁多，我也担心他将来到网吧去玩耍。有几次，我路过网吧，都告诉他，那个地方空气不好，很多人在那里做无意义的事情。

旅行中，去网吧发邮件，我也带着孩子去，并告诉他，人和人不同，网吧既可以娱乐，也可用来工作。带着孩子只是在网吧待几分钟，处理完紧要邮件就走，孩子还是抗议说，那个地方太臭。

* * *

到时候就可以了

大人做的一些事情很令孩子们羡慕，比如喝啤酒什么的。我说，你长大就可以了。孩子似是而非地接受了。

在公园玩耍，孩子小便，在找洗手间的路上，他坚持不住，我就让他在草地上小便了。告诉他，实在忍不住，小孩子偶尔是可以尿草地的。他问大人可以吗？我说不可以。

孩子很高兴自己也有比大人更厉害的权利。我们继续交谈，直到让他明白，人在不同的年龄做不同事情的合理性。

孩子将来势必面临早恋、性等问题的时候，父母与孩子的沟通，至少有一个共识的前提：有些事情，并非不能做，只是时间还不到。

* * *

看电视与上网

告诉孩子，我们小区有鲜花绿草，也有狗粪和垃圾，我们既不在垃圾筒旁边玩耍也不扒狗粪。看电视上网，也要注意避开垃圾和狗粪。

* * *

从父母怀抱到幼儿园

男欢女爱，渴望水乳交融，朝朝暮暮；父母之爱，是为而不有，孩子成龙上天，父母像火箭燃料仓完成使命自动脱落。

对乐于奉献的父母来说，只要和孩子在一起，任何事情都好办；更多时候，孩子不可能由父母陪伴。

各种社会关系中，孩子独立行为能力的养成，与幼时学会走路一样重要。

为孩子长远的生命之旅，需要培养孩子独立面对世界的各种能力，父母的每一次"扶持"都是为"隐退"做准备。

在父母怀抱之外，是无穷的世界。减少孩子的童年挫折，对其一生人格发展至关重要。

孩子会说话时，我训练他描述自己遭遇的能力。

跌倒了，我把他抱起来，等到爸爸回家，我让孩子向爸爸描述当时的情况、原因、感受等。

孩子从幼儿园回家，断断续续对我说了几个词语，我仔细倾听，启发孩子补充表达，结合他的个性，我猜到了大概。下一次我亲自送孩子上学，以放松友善的态度和幼儿园老师交流，老师承认孩子在幼儿园受到了委屈，并表示改善。

好的事情，孩子也会给我讲，我会随机表示感激。老师惊讶小男孩的沟通能力，开玩笑说仿佛家长安装了跟踪系统。

在孩子独立自主能力、与人沟通能力之外，培养其"合群"与"择友"能力也很重要。辅助孩子把社会变成另外一个大"家"的能力，包括礼貌和与人互助友爱的意识。

独生子女血缘关系的减少，很需要非血缘关系交往的补充，亲亲仁仁，给他"宾至如归"的感觉。

当下幼儿园，喜欢规矩孩子管理成本低，以可量化的知识技能为"优秀"导向，对有些儿童是灾难。

父母需要适当配合幼儿园，保护孩子自尊心和自信心免受老师和同学的打击，同时观察、帮助孩子建立合适的伙伴关系，也为其在幼儿园遭遇挫折多一道互助屏障，父母老师都不在场的时候，那是孩子自己的"社会"。

不同的父母会有不同的方式，心愿是共同的：

在孩子迈向人生独立的路上，尤其是幼弱蹒跚的路上，尽力帮助孩子避免遭遇不易察觉的暗伤。

父母不在孩子身边，孩子不在父母眼里，父母总在孩子心里，在其每种境遇里像"神"一样存在，这大约是所有父母的愿望。这种愿望，就是父母"处心积虑"要往孩子身上"发"的"功"。

园丁们知道，如幼芽不能一直捧在手心长大，可尽力给予适当的成长支架，小藤蔓最后就变成气势壮观的绿荫。

此外，要紧的就是，及时消除那些误写在孩子心灵上的笔画，把空白留给他们美好人生画卷的展开。

* * *

谁听谁的

四个五岁左右的男孩在一起玩耍，讨论谁听谁的话。

A宝把眼睛一闭，仰面朝天说："我爸爸告诉我，除了家长和老师的话，别的小朋友的话都不能听。"

B宝笑着，快乐地说："妈妈说，别人的话都要听，不然不礼貌。"

C宝呢，把头一扭，说："我谁的话都不听，听我自己的。"

D宝瞪大眼睛，认真地说："无论谁的话，正确的就听，错误的就不听。"

没有标准答案，孩子一哄而散抢球玩儿去了。

我望着他们可爱天真的样子，想起一些社会新闻：有孩子被同学哄骗到湖里淹死了，这是对别人"礼貌"的结果；一个班多名学生被老师性骚扰了，很久才被发现，因为老师是学生的权威。类似悲剧，都是"听话"的恶果。

谁的话都不听，似乎更加危险。"正确的就听，错误的就不听"，是不是就很可靠呢？小小的孩子如何去辨别对错呢？对错，本来就是相对的，遇到复杂情景，对错更加复杂。

家长难道就只能陷入无所适从的"相对主义"困境吗？

至少可以给孩子一个可依从的起点。

有了这个起点，我们再一点一点解决后面的问题。孩子接受很多东西，只能从简单原则开始，至少给他们一个正确的方向。"正确的就听，错误的就不听"至少是一个正确的方向。就像一个数学公式，让孩子记住了，后面还要做习题，来熟悉这个公式，再用这个公式处理复杂化的应用题。

* * *

神奇的"大突破"

孩子从小喜欢插线板，他的玩具箱里装满了各种各样的插线板。每种插线板的颜色、牌子、特征，从哪里买的，谁送的，几个两孔，几个三孔，他都记得清清楚楚。

每个插线板也就有了各自的名字，比如"10个孔的同方"、"小公牛"、"丁丁家的"，等等。女友陈焱，还从国外买了电插板寄给他。

孩子三岁生日前，带他去逛商城。

孩子在卖插线板的地方久久不肯离开。他看中了一个很长也很精制漂亮的"大突破"插线板。我和爸爸小声商量了一会儿，想训练一下孩子的忍耐力。我们说，这个不能马上买，要他自己米"挣到"这个。什么时候，他挣的分够了，我们就来买。

孩子难过，大哭，抱着电插板不放下。

僵持了很久，我打算迁就他了，爸爸不同意。爸爸对孩子说："如果你回家后，认真吃饭，好好跟爸爸学本领，对人有礼貌，不发脾气，表现好，这个电插板就会主动跑到我们家去。好东西也喜欢跟那些好孩子玩。"好说歹说，把孩子带出了商城。

爸爸又悄悄回去买了那个插板，悄悄带回家，藏在柜子里。

孩子回家后，果然各方面表现都很好，吃饭也吃蔬菜了，还主动把墙上的"涂鸦"也擦干净了。

三岁生日那天早上，孩子刚从梦中醒来，我说："儿子，去跟爸爸躺一会儿，爸爸发现，好像有个什么东西跑到我们家来了。"孩子钻到爸爸被子里，小脚丫碰到一个硬硬的东西，拿出来一看，原来正是他特别想要的"大突破"。

孩子高兴得在床上手舞足蹈，又笑又唱。我说："你看，爸爸说的没错吧，你做了该做的，想要的东西就自己来了。"

我和爸爸感到，孩子的表现好像也有了一个"大突破"。

但是，不知道为什么，至今，我一想起孩子小时候，无助地在商城抱着那个插板，伤心哭泣的样子，我都难过。

我也不知道，在我们得到的结果背后，孩子内心还付出了什么另外的代价。如果人生真的是什么都有代价，我们也只有认了。

* * *

礼貌和教养

孩子在小区中心花园练习轮滑。

一位年长男士骑着一辆大自行车过来，我提醒孩子让道已经来不及。那位先生及时刹车，孩子也停了下来，他俩碰到一起了。

都未受伤，男士骑车走人，孩子到了我身边。

我正要安慰受了惊吓的孩子。他忽然说：他，他没有长眼睛。

几米外，男士刹车，停在原地，大声质问：他说谁没有长眼睛？

我只好说：您别太在意，别和孩子计较……

他打断我："孩子也不行。谁没有长眼睛？我不是刹车了吗？"

我对孩子说："马上去给叔叔道歉。你说话不礼貌，请叔叔原谅你。还要谢谢叔叔刚才及时刹车，你们俩才都没有受伤。"

男士看我们并非不讲理的父母，骑上车走了。

孩子说：哼，大人还跟孩子计较。

我说："儿子，妈妈刚才和叔叔说，别和孩子计较，是安慰他别生气。今天这位叔叔是个讲情理的叔叔，他不是在和你计较，他认为孩子讲礼貌很重要，他提醒我们要教育你有教养。所以，你必须向叔叔道歉和致谢。"

孩子说，他已经走了……

我说，现在爸爸就是那位叔叔，你走到爸爸面前，去道歉和致谢。

孩子哭起来，倔劲儿也上来了。这时，平常一位很喜欢孩子的阿姨走了过来。我担心她帮孩子找借口，对她说：请不要管我们，今天这事很重要。

我担心再有其他人出现，就拉着儿子的手说，我们现在先回家。

到了家里，我站在大门背后，对孩子说，今天，你必须完成道歉，现在，妈妈就是那位叔叔。

孩子的直觉和经验都告诉他，今天我是非常认真的，凡是我确定要做的事情，是不会让步的，不如见好就收。

于是，他红着眼睛掉着眼泪，恭敬地站在我面前，愤怒地直视我的眼睛对我说："叔叔，我说了不礼貌的话，请您原谅。也谢谢您及时刹车。"

我抱住了孩子，对他说，知耻而后勇，今天，你进步很大。

我把他抱到冰箱前，打开冰柜门，他挑了喜欢吃的冰激凌，还问：妈妈，你吃什么，我帮你拿。

第一口冰激凌吃下去，孩子就笑了。我们手拉手下楼。他哼起歌来，也许他也如释重负吧。我趁机说：儿子，以后在外面运动，自己要随时小心周围往来的人，不要伤了自己，也不要伤了别人。

孩子说："好的。"

楼下，爸爸正在等着我们。

孩子在一边吃冰激凌，我给爸爸讲了回家的细节，爸爸赞成我做得对。

第二天，上班路上，趁着堵车时间，我又给爸爸发了一条短信：

"周日下午的事情是个教训，你平常老在家里和儿子开玩笑，说什么你没有长脑子之类的话。以后就请别说了。你看，孩子昨天来了个举一反三，不是很尴尬吗？我同意你说的，一个男人要有实力，有本事。但是，光有本事，哪里够。礼貌和教养，也是他每天生活的通行证。"

* * *

意志的磐石

小象和圆圆常常被人误以为是龙凤胎。

圆圆妈妈问小象，如果圆圆将来成了他的媳妇，给不给圆圆花钱？

小象用力点头，圆圆则说"小象，不用，不用花你的钱"。

一路上，圆圆妈妈对小象太好，圆圆感到她自己被忽略了。

小象妈妈在商场定了一些东西，圆圆妈妈一再说周末帮她去取。圆圆说："小象，你家没有车，还要麻烦我妈妈。"圆圆妈妈解释说，叔叔阿姨谁都不喜欢开车。小象和听到圆圆高兴时说他好一样，宠辱不惊。

圆圆妈妈给小象买完礼物后，圆圆对妈妈说："你那么喜欢小象，你就不是我的妈妈了。"

小象悄悄对妈妈说："妈妈，你去关心一下圆圆吧。"

午饭时间了，小象妈妈说："我今天请圆圆吃饭。"

让圆圆做主点菜，还说了圆圆很多优点，圆圆慢慢开心起来。

小象也显出轻松释然的样子。

小象妈妈吃完饭后又处于放松自在状态，没有像圆圆妈妈对待小象那样，源源不断地给圆圆热情和注意力。

圆圆心里又失去了平衡。她不停地批评小象，很勤奋地打击他。小象妈妈知道小象有主见和定力，那是她从小培养孩子的要点。但是看到圆圆总是不愉快，她心里放不下。

小象妈妈对圆圆妈妈说，你对小象太好了，这伤到圆圆了。你可否找个时间，与圆圆好好谈一次，告诉她，小象是她的好朋友，你才爱屋及乌；在某些行为上，让圆圆感到，你对她的朋友好，更为她保留了最特别的一份，让她确信你最爱的人是她?

小象妈妈又说，孩子的小问题，有些是一过性的，可任其自生自灭。有些会影响其身心健康和人格发展，我们就需要互相提醒。上次，幸好你提醒我小象越来越爱生气，我调整自己的状态，细心关注孩子，他就好多了。

有天送完孩子上学，圆圆妈妈碰到了小象妈妈，说刚看了一部电影《她比烟花寂寞》。故事讲姐妹俩都在母亲指导下学习乐器，姐姐开始很棒，到处受到追捧，母亲也很偏爱。

妹妹竭力超过了姐姐，成了杰出的钢琴家，姐姐恋爱生子过上了幸福的家庭生活，妹妹总是不幸福。她的幸福支点建立在拥有姐姐拥有的东西。后来，她甚至让姐姐把姐夫让给她，即使她有恩爱的男朋友，也只有夺走姐夫，她才能感到心里安宁，她甚至用自残的方式逼迫姐姐答应她……

圆圆妈妈显然做足了功课。

　　孩子的事情只要防微杜渐，可以立竿见影。等到下次一起玩耍，圆圆变得开心大度，有了强者的安全感，对小象有了稳定的友善，和妈妈也很亲密。

　　圆圆妈妈不拿小象的长处做圆圆的榜样，希望孩子见贤思齐，会说："圆圆，你看你交的朋友多棒，你们互相学习，都会更棒。"

　　她也不像以前那样对小象忘情宠爱，她总会顾忌到圆圆的感受。小象妈妈称赞圆圆时，圆圆妈妈也像小象妈妈那样，不再替孩子"客气""谦虚"，而是坦然接纳，说声谢谢。要引导孩子客气和谦虚，也放在私下。

　　小象妈妈看到孩子站在自己意志的磐石上，不因来自他人的风吹草动而形成负面互动，觉得孩子和家长的友谊都轻松自在。

　　小象妈妈，给孩子取名"象"，就是希望孩子在人类丛林中，像大象一样，食草温和，又强大无敌，能洁身自好。当一个人有了自信的原点和自我的绝对目标，而不以和身边人比上比下为相对目标，就解放了自己，也放了他人一马。

自己和四周，便有了自由的氛围、强者的美感。

* * *

互相赞美的游戏

孩子和他的同学在我家玩。

我在厨房听到他们互相攻击，炫耀自己，感觉男孩子的世界很有意思。我试着建议他们做一个互相赞美的游戏，还互相拥抱，像球场比赛结束那样。

他们一边制作玩具，一边互相称赞对方的作品，称赞对方的品质，气氛绿草茸茸的感觉。

我希望孩子，懂得人与人的关系、人与事的关系、人和神的关系，这对他一生都是至关重要的。尤其希望他有悦己怡人的人我关系，在人情上友善，不卑不亢；在事情上能庄肃，在上苍面前有谦卑。

* * *

给予和接纳

接孩子放学，他介绍我认识他平常交往颇多的同学张一。

我的包里正好有些点心，张一说，不能要别人的东西。

我说：如果是朋友，可以接受小礼物的。问了身边的爷爷，爷爷同意了，张一谢过我，就开心地收下了礼物，我也开心。

夏天傍晚，小区孩子扎堆在楼下玩耍，家长们站在旁边远远看着。

孩子跑过来对我说：孙有要请他吃冰激凌。孩子笑着看我，期望允许。他在家里已经吃过冰激凌了，我不希望他再吃。又想，这是一次"交往实习"，让他多吃一个冰激凌又何妨呢？就问他该说什么。他说要谢谢。一会儿，两个孩子一个人举着一根"老冰棒"高高兴兴手拉手吃着走路过来。我和孙有的妈妈都很开心。

　　另一天，孩子又和青林手拉手一起吃着"绿舌头"走过来。

　　青林对我说，阿姨，我请他吃冰激凌了。我说，谢谢青林。我又问孩子，你下次该怎么做呢？孩子说，我也要请小朋友们吃冰激凌。我说，对呀。青林也说：对呀，别人请了你，你也要请别人才对。

　　我特意照会爸爸，带孩子下楼，别忘了带零钱，儿子已经"欠"了好几个孩子人情了。

　　爸爸认为不必如此拘泥。我就自己带孩子下楼玩，希望找机会"还情"。我很珍惜孩子懂得"给予"和"接纳"、"接受"与"报答"这种交往的完整。

　　这涉及孩子一生对各种重要情感的把握能力。

　　孩子也很高兴。孩子买了好几种冰激凌，提到玩耍区请小朋友们吃，包括那些请他吃过冰激凌的孩子。不巧的是，冰激凌一根都没有送出去。

那个闷热的黄昏，孩子们的爸爸妈妈似乎都不愿意孩子们吃冰激凌了，孩子们眼望着冰激凌袋子，用眼神征求父母意见，未经许可，都乖乖地不吃。

幸好，孩子一向大大咧咧，没有受到什么打击。

我的朋友很多，他常常生活在友情的氛围里。

我为那天的场景遗憾。

在和人的物质交往上，我坚持"父子虽亲，财上分明"。孩子借用人家一个铅笔头，他懂得按时归还，我就重重奖励他。

在和人的情感交流上，我希望孩子懂得双手尊重和珍惜来到他面前的真诚和友善，懂得慷慨的品质里面有两种含义：一是物质的慷慨，一是精神的慷慨。如何给予，如何接纳，即使有人奉献给你的东西不是你所需要的，又如何谢绝和表达恰当的感激……

　　几毛钱几元钱大家都付得起，几毛钱几元钱的尊重互动大家是否付得起？

　　冰激凌，在孩子的童年，是一份凉爽的夏日记忆；细腻的举动，在孩子一生中，却是他将来如何懂得与爱人、家人、朋友、社会水乳交融的起点。

＊　＊　＊

和小孩谈生死

阿兰·德波顿写道："当我们看到一位母亲在教她的长着酒窝的孩子如何系鞋带，并想到他们有一天也要离开人世，我们不禁为之落泪。但不管怎样，我们依然觉得抚养孩子要比推销调味品在死亡面前更有意义。"

晚上睡觉，我常常对孩子说：做个美梦吧。

早上起来，我常常问孩子：做美梦了吗？

有天早上，我问孩子：做美梦了吗？

"做了。"

"什么美梦呀？"

"我梦见妈妈长生不老。"

夜里，我想晚点睡觉写点东西，孩子却等着我睡觉。

我有点烦躁，口不择言说，如果你老是缠着我，我什么都做不了，我只有去找一间书房了。

幸好，我马上说，我不愿意离开家，我愿意和孩子在一起。只是我必须能做点自己的事情才行。

孩子说，这样就三全其美了吧。

然后，他给我关上门，自己到客厅沙发躺下了。大约半小时，我听他还在辗转反侧，心又不忍。我把他抱到床上，自己也陪他躺下了。

孩子对我说，他不想睡觉，每天都不想睡觉，因为他老做噩梦。

孩子不是那种滔滔不绝的孩子。诱导半天，终于对我说了，妈妈，我总是梦见死。

大约在四岁前后，孩子老是问我关于人是否会死的问题。有几次对我的答案不满意，他就哭了，流着眼泪睡着了。

六七岁时似乎不太问了。谁知转移到梦里了。

我对他说，死，是一个哲学问题，是一个复杂问题。人会活很久的，比如120岁，是很久很久的。过去的人，只是活30岁左右，就死了。也许未来，人会活700岁，谁知道呢。很久以前，人类是没有飞机的，但现在我们航天飞机都有了，对吧？

孩子说，嗯，过去决定现在，过去和现在决定未来，对吧？

"对。另外，我想告诉你，当我们活着的时候，我们有一个很好的家，爸爸妈妈和你。你还没有来到这个世界的时候，爸爸妈妈就在这里准备一切，很耐心地等待你来。其实，死,.是另外一个家。为什么世界上的爸爸妈妈都要先死呢，孩子要很久很久才会死呢？就是呀，爸爸妈妈死了以后，要到一个叫天堂的地方，建立一个新家，然后，在那里等待他们的孩子。那个新家需要建设得特别完美，所以，爸爸妈妈需要很多时间准备，孩子就要在这个世界上和自己的伴侣孩子生活很久很久，直到很久很久以后才被允许到天堂，和爸爸妈妈又组成一个新家。所以，每个孩子都要好好爱惜自己的生命，那些不幸早死了的孩子，到了天堂，暂时就是孤儿，没有爸爸妈妈照顾，很不容易的……"

孩子对这个答案比较满意。他悄悄在黑暗中抹眼泪，不让我发现，我感觉到了。然后，他很安心睡着了。

过了几天，孩子对答案似乎又不满意了。我就一直在寻找关于生死问题的升级版答案。

有一次，在和汪丁丁先生见面时候，我也请教这个问题。

汪丁丁被称为是当代百科全书式的博学者。除了脑科学等前沿学问，他对儿童问题也有非常深切的关注，他的家庭成员中还有儿童心理学专家。汪老师提示我找到一个经典视角，从灵魂不死的角度寻找一个适合孩子的答案。

朋友王玉玲告诉我，不能对孩子说人死了又不会死，不能让孩子把死和睡觉可以醒来当成一回事，否则，孩子容易把死当游戏，也许会出危险。前几天看到的《1408凶间》似乎就是这样一个问题，女孩问父母死的问题，父母大约也是不想让孩子失望吧，就说，亲人朋友都会在天堂里，仿佛死和活着是一样的，结果孩子就死了，这对父母似乎非常追悔，整个生活彻底改变了。

面对这个问题，就像面对从笼子里跑出来的老虎，只有想尽一切办法脱身，也让孩子脱身。

我再次给了孩子一个新的答案：

我说人有两条生命，等到很老很老的时候，所有人的一条生命都会死亡；但是，人又可以用另外一条生命继续活下去，存在于孩子身上以及音乐绘画文学艺术作品或者科学发明等种种形式中。

孩子似乎有些满意了。他说，我画的画够多了吧。我说是的，不过，还必须是更加杰出的，得到时间认可的东西。孩子说，喔……

我又说，孩子还没有长大，只有前面那条生命。孩子必须注意安全，必须好好吃饭注意健康，学本领，就是为了长大之后，拥有第二条生命。当然，即使是大人，有两条命总比有一条好（两个糖比一个糖好），所以，大人也要注意安全健康，要珍惜自己的肉体生命，创造自己的精神生命。

孩子对这个答案有了更满意的表情和更放松的神情。

他似乎明白了，有一条命不是自己说了算，即使自己再努力，也不能逃避一死；但是另外一条命，似乎可以通过自己的努力来决定"长生不老"。

孩子虽然不知道人生建功立业的艰难，但他知道好好练习钢琴，考级就能过，考音基就能得100分。多背几遍，唐诗宋词就可以从他嘴里跑出来，这样的经历给了他某种可以通过努力把握一些事情的自信。

人的命，突然由一条变成了两条，这似乎让他减轻了恐惧和无措感。

我说，你的身体里，已经有爸爸妈妈爷爷奶奶姥姥姥爷等人的生命了，大人除了自己活着，还活在孩子的身体里呢。大人给了孩子生命，反过来，孩子也把大人的生命延长，所以，你将来还可以通过生养孩子来保存你的生命……

听到这些，孩子更高兴了，把《写给孩子的哲学书》放到一边，又翻开了他最心爱的《少儿百科全书》了……

纠缠母子两年多的生死问题，暂告一段。

次日早上，孩子起床就唱着歌，在屋子里穿行。对我说：妈妈，还有五天吧，你能把蛋糕单子给我看看吗？

这是他的生日月份，他高兴了半个月了。

他对生日的盼望，如同六年前，我对去产房的盼望一样。那是不堪重负的喜悦，在预产期里不断盘算。

＊　＊　＊

人性的权利

在幼儿园，孩子感冒尿床了，老师的吓唬令他不开心。

我对他说，没关系，每个人都可能在小时候尿床，还编造说，妈妈读初中还尿床呢。孩子不再觉得这件事可耻，觉得是自然的。从那以后，再也没有尿过床。

爱，害怕，羞愧，力不从心……所有这些，我都要让他觉得是人性的权利，让他放松自己；反面，认真做事，善意为人，有主见自立，敢作敢当等等，这些却要严肃训练；一些人品习惯上的不良倾向，则要尽量防微杜渐，以举重若轻的方式加以耐心引导。

* * *

怎么说真话

寒假作业里面，有一道题说，一个孩子说了真话，得到了表扬。孩子和我讨论"真话"的应用范围。

这个情况，比较复杂。我怕他不能领会，没有展开说什么。有些东西，不教他不行，告诉得过于简单会误导孩子，过于复杂，会弄迷糊孩子。

有时候，只有跳开去，像写诗一样，给他某种"意象"式表达，让他自己在具体情景中去意会，做自我辨别；或者给他一个更加简单的"锦囊妙计"，就像一个开关，他只是需要按一下，合适的人就可以去临时接应他，陪他完成某个过程，并在过程和案例中给予潜移默化的演示训练，逐渐，孩子就可以举一反三了。

我问他，在什么地方可以毫无顾忌说真话？他说，妈妈那里。

我不希望孩子在成年之后，还什么都是"妈妈"。

在他幼年阶段，孩子知道，无论什么事情，包括过错，都是可以告诉妈妈的，妈妈是最安全的，能理解他。胎儿期，他寄居在母亲子宫里；幼年期，母亲的爱、智慧和力量，对于孩子身心来说，也要像"子宫"般安全舒适。

当然，母亲有时候也是迷惘的，混乱的，力不从心的。有时候，母亲也是那个会犯错误的孩子。孩子反过来又何尝不会启发母亲，约束母亲，安慰母亲呢？甚至是腹中的胎儿，也是搀扶母亲的一种力量。

母亲和孩子，因为当初是一体的，后来也不时成为一体之人。

* * *

青春期与婴儿期

教育心理学博士尹莉教授说：

小学阶段，最适宜对孩子进行各种锤炼和习惯养成。这个时候，孩子足够大了，但还没有到敏感的青春期。孩子不用面对身体和心理的动荡，是最皮实的时候。等到这些训练完成之后，到了青春期，孩子就有精力和余地来应付青春期的困惑。

青春期到来，孩子进入第二个"婴儿期"，需要呵护和尊重，父母应更加宠爱和宽容地对待孩子。如果青春期前应该完成的训练没有完成，一些好习惯和学习基础没有打好，到了青春期，敏感叛逆和学习困难以及很多坏习惯纠结在一起，就非常麻烦。很多青春期问题孩子，就是因为父母没有抓紧青春期到来前的时期完成该完成的事情。

在国外，很多母亲，在孩子幼小时候，辞职在家，亲自专注养育孩子，给孩子足够多的安全感；孩子小学阶段，母亲就去工作；等到孩子青春期到来，又辞职回家，就是为了能够更好地关心敏感期的孩子，给他们无微不至的呵护与尊重，但又不侵犯他们的私人空间。

* * *

家长的两个"知道"

汪丁丁先生曾在文章中发问:

"作为孩子的家长,我们是否清楚地知道自己孩子的'未来'?这包括两方面'知道'。第一,知道孩子所要生活于其中的未来社会的大致走向(经济的,政治的,社会文化价值的);第二,知道孩子未来会具备什么样的性格和生存能力。把这两方面的知识结合起来,我们大致可以凭了'经验',判断孩子是否能够适应以及在多大程度上成功地适应他们的社会。"

* * *

家亲九记

外婆这样对你说过话吗

冬天黄昏，我去学前班接到六岁的儿子。

一进教室，他就过来亲我。对我的出现，他欢喜不尽。

我们各自都只是戴上一只手套，另外两只手互相牵着，体温就足够温暖。

他走在绿化带的矮矮围墙上，就比我还高一些。

我们一直手拉手，乱蹦乱跳乱唱歌。

我唱："我的乖娃娃呀，我的好儿子呀。"

他唱："我的好妈妈呀，我的妈妈好呀。"

孩子突然停下来："妈妈，外婆这样对你说过话吗？"

前面和他说过很多话，他是指什么呢？我迷糊了一阵子。

"就是外婆叫过你乖娃娃吗？"

我停顿了一下："没有。外婆不习惯这样说话。不过，外婆也很爱妈妈的。每个妈妈爱孩子的方式不一样。"

"她打伤你了吗？"

"没有，只是打疼了。不过，我原谅外婆了。"

"我不原谅！"儿子厉声说，眼睛涌满泪水。

有时候，我会把孩子当一个小小的知己，告诉他一些"限制级"的事情。

有一天，他早上醒来，流着眼泪对我说："妈妈，我不原谅你，你道歉也没有用！"

"什么事？"

"你关过我黑屋子。"

"什么时候？"

"姥姥姥爷还有奶奶来的时候，我三岁的时候。"

"为什么？"我有点难过了。

"我把瓜子壳混进瓜子里。"

想起来了。当时他太兴奋了，一直在家里捣乱，各种花样。怎么说都不听，忽然想起母婴杂志上的招，说是把孩子隔离现场几分钟，比如关进黑屋，可解决问题，且不像打骂一样给孩子留下伤害。

我像一个聪明的傻瓜那样做了。

"外婆小时候还狠狠打过我呢，可比关黑屋子厉害多了。"

儿子立刻只对我挨打的事情十分关切了。我就讲了一点童年往事。

事实上，如果我童年挨打的痛苦是十，那我给孩子讲到的不过二。想不到，他刻在了心里。

我弄丢了父亲的一只金笔，母亲在我可能弄丢笔又找不到的那个地方打得我满地打滚，最后，那一坡豌豆花都被我"滚"进了泥土里，结果那支笔就自动出现了。

我只是对儿子说，我弄丢了东西，外婆打了我20下。至于，我干家务出差错，甚至弟弟们出错也怪我，母亲大骂，随手抓起鞋底、皮带抽我的事情，我并没有给儿子讲。

我也没有说过，从来没有拉母亲手的记忆，对母亲手的记忆就是来自那手的很疼的力；我也没有说过，惟一一次和母亲睡觉的记忆也是因为梦中我脚蹬着母亲脸了，狠狠被摔开的记忆。

难道血脉相连，孩子知道我的隐痛真实？

我也告诉过他：孩子总是有很多需要教育的地方，外婆教给了我更多重要的东西，我早已原谅外婆了，也感谢她的严格教育。

"你也要感谢外婆，是外婆的教育，才让我成为你的好妈妈的。"

"那她打人也不对！"孩子口气非常严厉。

他似乎要保护童年的妈妈，那个在时光隧道里的无助小女孩。

孩子很喜欢外婆。外婆慈爱而有威严，聪明能干，让孩子对她的尊重和好感远远超过一味对孩子讨好迁就的奶奶。

在对待儿子的方式上，我更多走的是"奶奶路线"。从伴侣身上，我看到了被母亲以一种"无知的崇拜"和

"无比的自豪"宠大的男人那种自信、从容和自我感觉良好的满足。伴侣从母亲和姐姐们身上习得的是女性世界广大的宽容和温暖，在以后的人生里，他不由自主要去"重复"的也只是这样的经验。

从我和他认识第一天起，就不谋而合地以他母亲和姐姐的方式对待他。

有时候，我努力去想象孩子今后的生活。所有的想象都是以家庭生活为中心的，我想，如果，他能够像他的父亲一样，有养家活口的能力，有一个像我一样把家庭放在第一位，也有自己独立个性和事情做的妻子，那么，他就足以有一个不太委屈自己的悠然自得的人生，有了这个底线，其他都是锦上添花了，作为母亲，我就无愧于把他带到这个世界上来了。

为什么还要给孩子关黑屋呢？我于是又相信我母亲在儿女身上"有所作为"的言行。毕竟，"玉不琢不成器"呀。

想起青春岁月，伴侣身上那些瑕疵，让我度过多少绝望伤心的时刻，我幻想，如果他的母亲，更加聪明一点，在可塑年月对他稍微严格一点，他不就会成为一个更全面的人吗？

尽管，世界上没有十全十美的事情。好多事情，也是"谋事在人，成事在天"，我还是相信，养育一个人，和厨师做饭一样，有火候的掌握、味道的分寸。

我知道，母亲的严厉，让我受的伤和受的惠。我想，对于一个"响鼓不用重锤"的孩子来说，从我母亲身上借鉴少量的严格，也许是必不可少的。

我想，对于养育儿子来说，母亲的温情是第一位的，母亲的智慧是第二位的，母亲的严厉是第三位的。

小时候，家里多个孩子上学困难，别人家都是就着男孩，委屈女孩。我的母亲和父亲，竭尽全力，一刻也没有想过要牺牲我。

母亲对我最苛严，她认为，女人要活出自己的尊严，要品行端庄，要能吃苦不讨巧，能付出。在用钱方面，他们对我说得上放任。从读初中到大学毕业，在同宿舍的人中，在同龄人中，我都是钱包最富余的那个人。我很少受到过来自农村出身的歧视，我自由交往，朋友很多，除了钱不局限我，更重要的是母亲对我为人处世的训练——

为人要慷慨能吃亏；实诚不奸诈，不搬弄是非；给长辈递东西要双手；不要放肆地从人前面走过；吃有吃相站有站相；要讲卫生，不和别人共用一个杯子；夹菜，要从自己最近的地方；懂得行善和回报；不给别人脸色看等等，无限多的细节。

我的钱，几乎是大量用来买书了。现在我的书架上，还有高中时代读过的旧书。

孩子出生后，我高兴，想把儿子的照片到处发，我没有说出口，母亲却在电话里嘱咐了我一句：不要把孩子的照片随便给别人。

因和母亲关系不亲密，我经历的所有"最女人"的事情，无论困难还是喜悦，都从来没法和母亲分享，那仿佛是一个没法通过的死胡同。

母亲这一句话，是她给我的一个郑重忠告。时间越久，我越明白她的智慧。

自己珍贵的东西，容易被别人漫不经心地糟蹋。难道不是这样吗？朋友孩子一百天的大头娃娃照片，如今我们放在什么地方呢？比得上孩子自己母亲的心口那么恰当吗？

我的儿子同情我所受的来自母亲的"虐待"，这是他幼小的心灵能够体会的；但我母亲给我的智慧，他需要一生去体察。

我欣慰的是，对于男孩来说，母亲的温情最重要；对于女孩来说，大约就是父亲的温情排在第一了。我的父亲，给了我他力所能及的所有宠爱，正好冲淡了母亲的严厉对我的伤害，连最后一抹伤痕，我小小的孩子也在试图替我抹去。

同性关系

母亲以其生活样式暗示我：女人靠自己，闺蜜很重要。

母亲把我家的青砖瓦房越修越宽敞，我的闺房藏在院子最深处。母亲还是把那些站在我家庭院中说荤话的男女赶走了，理由是谁家都在养女儿，在有女儿人家的门前就不要说那些脏话。母亲对儿子说的话是："哪里的黄土都养人，当农民也没有什么。"

母亲为我想象的人生不在土地上。条件不允许时，别人家是牺牲女儿保儿子读书，我家里，母亲的志向是不委屈任何一个孩子。真要有所取舍时，母亲也决不会把我牺牲掉。

母亲说："女人太难了，需要多几条路。"

我喜欢家里来的是表婶。表婶来了，母亲就在厨房和她们说话，表婶们说话总能到母亲心坎上，母亲自然很高兴；表婶们总是闲不住，在锅灶后面帮母亲烧火拉风箱，见什么做什么。我呢，就不再担心母亲发脾气，也不用干活儿。

家里来了男人则不一样，父亲要去陪他们，活儿落在我身上不说，还得额外给这些男人端茶递烟，忙起来容易出差错，母亲的火气随时会发在我头上。

母亲各个人生阶段都有很好的同性朋友，锦上添花的分享，雪中送炭的帮扶，都很真诚。母亲年老了，到我家住一段时间，提前离开的理由之一就是那些朋友要她回去了。我曾经一次送给母亲二十多条围巾，女性亲朋分送之后，她自己竟然没有了。

母亲认为"女人不容易"，她偏袒每一个站在男人对面的女人，包括我父亲的前妻吴氏。

吴氏离开我家后，父亲对她不再提起。

有一年，吴氏想来看看我父亲的几个孩子，祖母对我母亲说："孩子是你生的，你拿主意。"吴氏带了她亲手缝的四双虎头鞋，很谨慎地来到我家。

母亲第一要我和弟弟都叫她吴妈妈，第二是像对娘家人一样款待。吴妈妈离开我家的时候，哭得都站不起来。后来吴妈妈得了重病，母亲听说了，叫父亲安排她住院，又带着我几次去医院探望她。

母亲对我说："吴妈妈个性软弱，没有脑筋，'文革'和你父亲划清界线，是别人害了她。你父亲心软脾气好，她运气好碰上了，却没有守住。男同志不原谅，还是有些自私。吴妈妈自己没有一男半女，这辈子苦还在后头呢。"

母亲对祖母十分孝敬。

家中清寒的时候，吃穿住用，没有一样不是祖母优先。祖母不讲理时，母亲也不会让她，但不容许我们顶撞祖母。我从小就被母亲指派，每天给祖母端水送饭。母亲佩服祖母要强自尊，称赞她守寡几十年，把孩子们一个个教养成了好人，一辈子活得清白独立有主见。

母亲对弟弟们的教育也与一般农村人家不一样。

她认为男人也要干家务活儿。她让自己的每一个孩子都勤快做人。她说："你们将来都要男婚女嫁，家里的事情都要承担，跟你们结婚的人也是妈生的孩子，我不能让我的孩子去欺负别人家的孩子，事事推在另一个人身上。"

有人说，同性是天敌。我和女性相处如鱼得水，也许应归功于母亲对我的影响。我人生的很多快乐和慰藉，来自于各个时期不同的闺蜜。就像父亲让我充分信任异性世界一样，母亲让我充分信任同性世界。

人与人关系的通畅，以及由此建立的深刻情感关系，是我人生幸福的源泉之一。

栀子花与兰草的芬芳

在客厅落地窗前的沙发上看书，听到我家空调主机上有蹦豆子一样的声音停不下。

看一看，是楼上空调漏水。房东出租了房子，有人用来办公。那空调几乎二十四小时开着。到楼下取当当网送来的图书。送货员找不开零钱，我就去小卖部换钱。小卖部门口有人摆了绿植在卖，有盛开的栀子花，我买了一盆。

把栀子花放在空调主机上，蹦豆子的声音消失了，只有水滴打在栀子花叶片上无声无息，洗出一片潮湿干净的幽绿。一个夏天，我没有为栀子花浇水，那色白香净的花次第开谢，那幽绿的叶子茂盛生长。

有时候，我坐在沙发上喝茶，神思放开，凝视那些花叶，我会想起母亲夏日给我的童年馈赠。

无论多么劳累繁忙，并不妨碍母亲对花的侍弄。栀子花和兰草是她的最爱。她在田埂上栽了不少栀子花树，花开的时候，她与邻居亲戚分享，摘一些回来给我，有些交给我手上，有些放在水缸里。我家的厨房，有明瓦投进阳光，阴凉潮湿，那些栀子花就会开很久。

母亲是远近闻名的做菜高手，对于我来说，栀子花的香味才是厨房留给我的最深记忆。兰草，是母亲从山涧深处连着一抔泥土采挖回家，种在一些搪瓷盆子里。

我家院子有两层，像复式楼一样中间有数级石头梯子，总共有四个三四平米的长方形花园，内院的两个花园有一米以上的石头围栏。母亲就把那些兰花盆排在围栏上。她不断侍弄兰花，兰花不断盛开。

奇怪的是，我记不住兰花的香气，大约母亲从来没有把兰花摘下来送给我，也许兰花是母亲私有的，她的名字就叫兰英。

母亲要我把一盆开得很好的兰花背到父亲上班的单位。我不知出于什么样的虔诚心情，竟然用一条淡咖啡色手工刺绣丝质纱巾把那个瓷花盆包起来，再放在竹编的背篓里。

去父亲的单位，也就是我在镇上的家大约十五公里。上坡下坎，等我到了，发现纱巾在花盆与背篓之间磨破了好几处。我一直没能理解自己，当时为何对兰花那样爱不得法，过犹不及。

我只好把这件事理解为一种象征：对精神上的某些东西的过度重视，给我造成了另外一些不必要的创伤。

后来人生里，我常常出现的精神饥渴，也许就来自父母给我的鲜花印象。

很小，我就知道，无论多么劳累辛苦，一旦身暖腹足，人就会像一间空房子一样希望装进去阳光、云雾或者花香一样的东西。

我记得父亲坐专列去大寨，那热火朝天的政治氛围里，父亲带回给我的细节只有两个：一是大寨人很勤苦，二是在回来的路上专列停下，他下车到河边走走，看到北方一种植物的根须是鲜红色的，飘在干净的水里好看得很。

　　父亲是一米八几的大个子，他的父亲死在1949年前四川的罂粟花地里，他跟着自己的大伯读过几年私塾。

　　也许乡下人天然和大自然亲近，他后来在山坡上种芍药花，我家屋后叫作雪坡的斜坡地上一片紫艳艳的华美。在家中庭院，因我出生，他种了白梅树，弟弟出生，他又种了桂花树。

　　父母这种性情行为的潜移默化，成为了家庭教育不可缺少的一部分。

　　这一点对我的影响，甚至比棍棒教育的影响更深刻本质。

　　后来，看到蔡元培那一代教育家，极力呼吁美育教育，蔡先生的出发点就是，美育教育能够让中国这个过分现实的民族，有超越感，避免急功近利等等，我从个人的家庭教育能够很感性地理解这一点。

精神生活

父母的有些教育，等成年后来看，是利弊相随得失参半的。

长大了的人，可以从自己身上找到这样的例子。每个人天性不同，同样一种教育，在不同人身上的结果也不一样了。想到这些，有时候，我对孩子的教育，就陷入疑惑的相对主义。想偷懒时，这种相对主义就出来为偷懒找理由：既然，教育是利弊相随得失参半的，教育的作用不就抵消为零了吗？那还不如不教育呢。因此，有时候，就可以心安理得放孩子一马，也放自己一马。

做父母，责任心毕竟大大多于懒惰心。一旦体力精力恢复，人振作起来，又仔细辨别，在父母的教育中，究竟有哪些教育是绿色无公害的？

对于我来说，父母从小让我养成的阅读习惯，给了我受用不尽的恩惠。

朋友说，看见我，似乎就能看见我背后的书架，我的身后有一个无形的书架，像影子一样成为她眼中的幻觉。

　　我不知道从她的角度，那是什么感觉。平心而论，我也并不是嗜书如命的人，比我超级的书迷多的是。我只是离不开书而已。

　　我的生活方式，我的工作，都和读书有关。我觉得幸福满足。喜欢读书的人知道，把人生建立在和书的亲密关系上，依赖文字生活与工作，是朴素也不觉匮乏的人生，隐藏着自由和秘密的欢乐。

　　回顾青少年时期的阅读，我的人生是脚踏两本书而来。

　　作为"人"的左脚，我是站在歌德的《浮士德》这本书上，作为"女人"的右脚，我是站在西蒙·波伏娃的《第二性·女人》这本书上。这两本书，都是我在高一高二阅读的。它们从彼时进入我血液，和我的生命一同生长。前者让我知道，作为人，人生是一条向上的路，对知识、爱情、功勋与美的追求，带来人生的豪情，这豪情能让生命之树长青；后者让我知道，女性的人生需要何等的勇气与智慧去选择独立，女性要像男人一样，懂得用力量去爱。

我之所以得遇这两本书，是因清贫的父母，给了我足够多的零花钱，让我去买书。在买的很多书中，我才遇到了这两本杰作。

我之所以能把父母给的零花钱用来买书，是因在我更小的时候，父母就给我的人生布下了阅读的种子。

父亲出差开会，会给我买书。父亲一旦给我买了书，母亲无论多么需要帮手，都会网开一面，让我尽情阅读。母亲是一介农妇，只有小学四年级的学历，她一生至老都保持阅读习惯，她似乎有文字饥渴症，可惜，她从未获得过丰盛的文化筵席。

她要劳作，家中订阅的杂志，父亲买来的书，也只相当于她劳累间隙口渴喝的粗茶。她把一种无条件充分满足的渴求变成了一种自然而然的习惯，让阅读的形象，在粗糙低劣的生活质地上，从未熄灭其闪现的光晕，照亮了我的眼睛。

我的父母对我最慈爱的赞美之一是说我是一个"书虫"。父母亲也常常给我讲，父亲的父辈，是私塾先生，读书也是家里人的本分。

回顾我的童年、青少年时代，母亲的打骂声不绝于耳，但阅读，成为那个年代华贵温柔的天鹅绒，成为灵魂中自爱自尊复苏的力量。

后来的人生，一直是学习不辍，进步不止，借助的是书的牵引。我所结交的师友，所遇的贵人，都与读写有关。我知道，社会只是土壤，父母给的才是种子。父母尽早让我养成的阅读习惯，成了我人生的种子。

当我从产房回家，把孩子放到家中的床上，第一件事是给他盖被子，第二件事，是在他的枕头边放一本书。即使他还一字不识，甚至眼睛都还不喜欢睁开，但，阅读，是我的家教起点。我给他生命，给他爱，也要给他未来消磨时光、享受生命的方法。

　　我要给他另外一种灵魂的奶水，让文化，像永恒的母亲一样滋养他，即使我未来离开了这个世界，他都永远拥有另外一个精神襁褓，另外一种不竭的爱与智慧的源泉。我便不再担心他在这个世界过分孤独，或者因为无所事事坐在一个地方，显出人的空洞。

　　到目前为止，我认为我做母亲唯一可以结算的欣慰是：我的孩子已经迷上了阅读。接着是让他知道，读什么书，比阅读本身更重要。

在平民生活中

父母给我的影响，仔细思辨，往往都会得到一分为二的结果。可否说，很少有教育，是完备的；也很少有教育是一无是处的。

我感谢父母让我信任爱和婚姻。在未来，爱的形式会更加多元，不管婚姻是存是亡，我相信，爱侣情深，还是人生深度幸福的要点。

看到一些选择独立单飞者的多彩人生，我心向往而怯于追随，就像害怕在海上晕船一样，我依赖伴侣生活带来的仿佛在坚实陆地安营扎寨的生活。

原生家庭、个人才情、组织和朋友，都无法像伴侣之爱一样给我安全、自由、舒适的感觉。除了我自己，父母互相陪伴照顾，让我的中年生活少了揪心的牵挂，他们的婚姻，是对我的赐福。

回忆童年和青少年生活，我无法回避母亲的坏脾气，尤其她对父亲的吵闹和对我的打骂。但我也总是见到母亲对父亲无微不至的照顾，父亲对母亲无边无际的宽容。他们是勤劳、善良、可敬的夫妻。母亲用她数倍的聪明能干耿直，来冲抵坏脾气的副作用。

她曾经为父亲蒸煮何首乌四十九天，她会做最好的饭菜，她对老少都尽心尽力，她始终把父亲放在比她高的位置。冬夜的火塘边，父亲母亲常常一起翻着歌本合唱老歌，他们一起种花赏花，他们相濡以沫面对人生挫折……

这一切，都给予我一种人间男女相亲相爱的真实图景。父亲不知多少次由衷表示，他对母亲帮他兴了一个家，感念不尽。

《致工程师的一封信》中写道：

"在平民生活中，没有什么比婚姻更重要的了，因为我们没有其他伟大的事业需要献身。这，也是父母通过他们的生活告诉我的。"

我做过多次心理测试，在金钱、事业、自我、家庭中，无论测试题如何变样子，我选择的结果，总是家庭第一位。如果婚姻是保护弱者的发明，我承认我是弱者，以婚姻形式缔结的家庭，是让我稳静的所在。

　　我的孩子一代，人生选择更加多元。他在我的朋友中，也见识到各种不同的人生样式。我鼓励他懂得欣赏理解任何人生样式。即使他是强者，我也希望他依然信奉人间深爱。孩子名字的涵义之一就是"伴侣相爱"的意思。对儿女对父母对兄弟姐妹，无论多么忘我奉献，一个人也应该有一种入骨的自私：留给自己一个比父母和儿女更亲的爱人。

　　如今，因我父母白头情深，做他们的女儿，我中年自由；但愿将来，因孩子与其爱人的相亲相爱，我暮年舒心。

生命印记

关于金钱，父亲常说："父子虽亲，财上分明。"他人的钱财，更是不能沾手。他年轻穷困时候，去卖茧子，收茧子老板在茧子重量后面多写了一个零，不小心给了他十倍的钱，他如数归还。

关于人生取舍。父亲住党校就快毕业时，我最小的弟弟得了重病。他不顾一切回到家，心甘情愿放弃了那次提拔的机会。他的说法是：进一步退一步，能有多大分别；亲人的忧戚是人生第一要事。

关于真实。父亲曾坐"农业学大寨"的专列去山西昔阳县学习大寨精神。父亲带回来一张三寸黑白照，照片上有一个普通极了的农村妇女，我问父亲她是不是享誉全国的郭凤莲，父亲说："就是。"他说："那些人吃得苦哇。"

关于尽职尽责工作。父亲当了很多年乡镇公社书记。暑假回家，我就看见父亲和石匠们一起在抬石头，和电工们一起拉电线，抬水泥电杆。父亲穿着军用靴子，笼着裤腿，碰着水塘踩水塘，碰着荆棘穿荆棘，激情洋溢，不知疲倦，要造福桑梓。

很快，公路通到了村民家门口，多水季节农家亮起了电灯，家里有了自来水。这些都是改革开放前的事情。父亲如今八十岁了，身体硬朗，是当年这些使他步履蹒跚的苦力活锻造了他？

关于人生随和。父亲退休了，他后面的年轻人都起来了。父亲也跟着儿子中的一个住在了镇上，有时回老家去看看祖母的坟地，就有人把自己的车派来，接送他。他不会太推辞，说："需要吃苦的时候，就去吃苦，不要有什么二话。现在享享年轻人的福也觉得很舒服。"

弯路与风景

小学毕业，我考上了重点中学。初一下学期，我喜欢班上一个吹长笛的男孩，有点走火入魔的意思了。没人知道我的秘密。我决定挽救自己，就对父亲说，我想回到他身边的普通中学读书。

父亲没有问任何理由，就像给他一杯开水，我说有点烫，冷一下喝，他就说，好，冷一下喝。他给我安排了转学。到新学校，我一直是第一名。读到初三，同桌雪梅，因病要留级到初二。我不愿与她分开。我又去找父亲。几个小时后，我又与雪梅在一起上课了。

初中阶段这两件事，几乎是同一件事，如今想来真是逻辑不通。

幸好，我留级去的那个班的班主任是我的义父刘兆型，在我家乡是颇有见识与风格的人。他给我的人生价值观和做事方法，似乎能够抵消我走的弯路。他把"山外青山楼外楼，更有能人在前头"这句话，写在每次考试排名的大字榜上，就在我这个第一名的头顶上。

他让我超越庸中佼佼的人生处境，把人活的是"心劲"这个发动机根植在了我此后的人生里。

父亲对我的宠爱至于纵容，让我像氢气球一样感觉不到头上的任何压力。

高中，我考进了当地最好的省重点中学，高考预选成绩也不错。但我高中时代最好的朋友预选落榜了，碰巧在高考那天，她来学校找我。父亲开始说要陪我考试，我说我害怕被打扰，父亲就没有陪我。好友来了，我却无心拒绝。

上午考完语文，我中午就陪她去饭店吃饭，我还特意点了她爱吃的红烧肉。到下午进考场，我昏昏欲睡，红烧肉让我恶心。我心想，太难受了，不如陪着好友复读一年，明年再考，反正父亲也不会怪我。我就对老师说，我不考了。老师说，不到半小时不能出考场。我趴在桌上睡觉。等我醒来，过去半小时了，我脑子很好用了，就赶快答卷。

那一年，我考上了末等大学。距离高考九年后，我才再次走进考场，纠正这次失败的高考，圆了北大梦。

父亲的宠爱，让我没有压力和恐惧感，让我自在随意，似乎对点滴的幸福都十分敏感。我为人处世，有时拘谨有时自在，像昼夜一样黑白交替。

当我拘谨时，便是落进了谨慎严肃苛求完美的母亲给我的模子里出不来；当我大方时，则是走在父亲的宠爱给我的精神红地毯上。这时，我举手投足就很自然，拥有内在的自信以及对他人的信任，让自己和他人都觉得舒适，我也因此遇到幸运的人和事。

我发现，在处理异性关系心思简单、遭遇幸运的女性那里，都有一位由衷深爱她们的父亲。我也是如此，仿佛这个世界，与我有关联的异性，都担当了父兄们的角色，不会伤害我。

尼采说："小心你的童年，人生不过是重复。"

我愿意记住的童年，是父亲给我的童年，安全、自由、和蔼、温暖、轻松。父亲给我的童年印象就像春天的正午有微风，行云流水都温柔，母亲有时给我的印象像冬夜熄灭了火盆，必须激发自身的热量才能熬过去。

我长大后的人生，似乎也是这两种感受的交替。母亲让我在现实面前付出沉重诚实的努力，让我知道谋事在人，即使辛劳，但有最踏实的东西在自己手中，人生可以自我掌控；父亲让我感知成事在天，幸运和奇迹也是生命际遇的一部分，他让我相信有些童话是真的。

父亲的宠爱让我遭遇高考那样的挫折，但那样的挫折却不伤害我的内心。父亲的宠爱，让我即使走在弯路上，也懂得欣赏风景。

对于我的儿子，我是异性父母一方，我宁愿相信宠爱他是我责无旁贷的主要方式，自信和温暖的生命质地是一个人的人生命脉，这样的东西多半得自童年的父母之爱。

我只需提醒自己：宠爱是最甜的教育，要小心甜蜜的副作用。

荆棘与玫瑰

同龄女友们相继进入恋爱季。

有人说，一米七以下的不会考虑；有人说，农村出身的不会考虑；有人说，逛街不帮着提包的人不会考虑……都是她们母亲的忠告。

我想不起父母是否给过我忠告。父亲曾说，选择母亲是因为她人品好能干。母亲曾说，选择父亲是因为她自己脾气不好，父亲脾气温和，能够包容她，她不想结婚后天天吵架。

交往了二十年的大学闺蜜，对人这样评价我："我们的父母告诉我们什么是自己不要的，她的父母告诉过她什么是自己要的。当二十岁的我们都用眼睛打量人生的时候，她已经会用心来衡量了。"

我嫁了一位不到一米七，农村出生的，逛街不会替我拎包的学生。大龄独身女友对我说过："就算全世界只剩你先生一个男人了，我也不会嫁给那样的人。"返回去二十年，除了我自己和男朋友，除了与我无关痛痒的人，凡是亲朋都反对我的恋爱。

　　所有婚姻里的人，甘苦自知，我也一样。也许我的婚姻开始得太早，我后来人生中的一切都与婚姻分不开了。

　　有社会科学研究说，一个人的婚姻观，在十八岁之前就定型了。价值观是人的选择地图，也许十八岁以后的人生，都有赖于父母、学校和自我领悟在人生早期形成的价值地图的明指暗引。

　　在父母给我的所有言传身教中，有一件我是刻在脑子里的。

　　父亲一向视我为掌上明珠，母亲又是安全感欠缺的人。当我离开父母六十公里去上高中时，父亲给他在县城的不少亲朋好友打了招呼。父亲交往的朋友很少虚情假意的人。我几乎每到周末就要接受来自不同长辈的邀请或者探看。

　　有个周末，我去了电影院经理的家中。丰盛的饭菜，热情的叔叔阿姨。我要回学校了，阿姨还要把桌子上果盘里的两个大橙子塞给我。推来推去，阿姨就直说了："你叔叔也是农村出来，你们真不容易，拿着吃吧。"我顺从了阿姨。

和他们道别后，我走在大街上，心里就是觉得不舒服。恰好我路过两个大垃圾桶，我就从书包里拿出橙子扔了进去。想不到，那垃圾桶是刚倒空的，夜里的街道很安静，橙子碰撞铁皮桶发出两声吓人的闷响。我被惊了一下，但随即脚步轻快，唱着歌回到了学校。

放寒假回家，我给父母讲了去过谁的家，谁来看过我，还着重讲了扔橙子的细节。

一直微笑听我说话的父亲，忽然变了脸，狠狠批评了我一顿。他的大意是，我不知道好歹。阿姨不管口头怎么说，但她对人是实诚的。如果一个人只注意表面，看问题看不到本质，一辈子除了自己吃亏，还糟蹋世上的好东西。

也许是父亲很少批评我，他的教育对于我反倒是响鼓不用重锤了。那件事，让我懂得何时要得意忘言，何时要去伪存真，何时要重本轻末。从此，他人对我的善意，我很少会辜负，就算从他人的恶意中，我也能自得好处。

我懂得了如何摘取荆棘中的玫瑰，四川人常说的"矮子多心"的弱者心态，逐渐远离了我。

人与人之间有天然的沟壑，多数时候都靠语言搭桥，而语言就像行动障碍者的拐杖，总有局限性。

二十多年最好的女友雅玄，是认识半小时后结交的。大学新生宿舍六个人都到齐了，大家互相认识安排东西很乱，雅玄就提议出去走一走。刚到楼下，雅玄说："我们宿舍很好，我都问了，一个农村人都没有。"我说，你没有问我啊。雅玄说，你还用问吗？你肯定不是农村的。我问她为何担忧农村人，她说农村人不讲卫生。我警告她以后不要嫌我有洁癖就是了。

读研究生时，有同学好意告知我，不要与某某交往，她在背后叫我们活宝，她是本校上来的，看不起我们外面考进来的。我说："没事，她还说自己的眼睛是猪眼睛呢，这是她的修辞爱好。"

后来，我与叫我们活宝的同学成了朋友，也与好意提醒我的同学成了朋友。从她们身上，我学到了非常多的好东西，也享受了她们深挚的友情。

我想，这似乎都与父母对我的"看人看事看本质"的教育有关。

当然，本质教育，有时候也有短处。比如，我习惯舍美求真，有时还依恃内心赤诚，做事不讲形式、技巧和分寸。

在"谭木匠"买了一模一样的两个檀香镜子，打算一个给自己，一个给朋友。好不容易见到朋友，礼物却在家里，我就把自己带在身边用的那个直接送给了朋友。回到家，我拆开另外一个精美包装，才后悔自己太不讲形式美感了。

我的婚姻我的友情，我在人生里做成的很多事情，都是因为我有抓住本质的能力，都应该归功于父母对我的本质教育。但是，人生越往深里走，越发现，父母即使给了我这么好的一个教训，如果不懂得自己因时因地来平衡纠偏，也是不妥当的。

　　父母教育孩子，还要随时提醒他们对父母的教育活学活用，父母也可以在孩子面前保持一种谦虚开放自在的状态。

人格榜样

似乎矛盾不真实。

别人对我做了不妥当的事情，我没有意愿还击，也没有能力坚持一种恨，又不能全然忘却这件事。

有时候，我会为某个朋友身上的小心眼着迷，那种感觉像芥末一样，有很刺激的感觉。我在不计较伤害方面，像一颗糖，愿以甜味示人。

我想，这根源在我父亲。

父亲也有愤怒时刻，不过像个鞭炮一样，炸一声，就成了粉末，扫到垃圾桶，不到一分钟，就什么都没有了。父亲，像一块青石板一样，让这青石板装脏水，是不可能的。

大约正是这种幸运的性格，让我父亲，经历了人生很多重大的不幸，却从未被压垮。他知足常乐如今成了八十岁的老人，还有艳阳天一样的热情和温暖。

兵匪之年，父亲在其母腹中死里逃生，生在赤贫之家，十四岁丧父。在此之前，还失去过一对双胞胎弟妹。

二十多岁又死去了最钟爱的妹妹。文革中，前妻和他划清界线，因此离婚。四十岁前后，医院给他下病危通知书。七十多岁，长子得了癌症。

他心中不记事，缺少小心思体察人性，在常人中活得大步流星，往往不小心踩了别人一脚也不知道；就像在夏天的茂草中遭遇毒蛇一样，他也曾遭遇小人暗算。这样的伤害，他也一挺就过去了。

是悲苦令他不得不洒脱，还是洒脱让他超越了悲苦？他像一个圆环一样滚过人生的坎坷之途。父亲给我的人格教育便是：转眼忘记恶，永久记住善。

就像高个子容易成驼背一样，父亲给了我隐恶扬善，免受内心损伤的能力，却没有给我保护好自身之善的能力。他赠珠缺椟。

母亲给我的超强度的训练，对于我后来的人生，是真正的成全，但她用了恶劣粗暴的方式，仿佛最好的礼物用了最差的包装。

父亲给我的善和宽宏大量，就像给了我双脚，却不能让我知道世界上还有鞋子这回事，我就这样赤脚走向了远方，受伤而不觉。

我依然感恩父母，他们不是只给了我包装盒而没有礼物，也不是给了我鞋子却不给我脚。

哲学家谈及体谅他人的好处，曾用死老鼠来打比方：如果你去看朋友，手里提着死老鼠，一路上臭的人，还是你自己。

我还没有父亲那种"胸中无一物，何处染尘埃"的境界，只有勉励自己："时时勤拂拭，莫使惹尘埃"。

父母教我勤快、向善、礼貌等等人生必备的品质。他们也给了我内在向上的动力。我过度敏感的天性，尾生抱柱过犹不及的实心眼，心直口快，执着细节，其他矛盾重重的诸多方面，很长时间让我的人生状态，阴晴不定，甚至为此付出了健康的代价。

遗憾莫过于，没有把父亲人格中这种大方彻底的宽宏学到。反过来，如果能多些小心眼，也是不错的，至少对他人的体察更加符合真实的人性。但我，在人格的修炼上，到目前为止，还是像处在上升的中途出了故障的电梯里，不上不下，尴尬，危险。

要照着父亲这面明白的镜子，继续修炼自己，解救自己。

所谓"无欲则刚，有容乃大"，何其难哉。

后记与致谢

　　从《纯棉时代·感动》到《纯棉时代·亲爱》，中间隔了10年。

　　这10年，我的儿子赵卿与，由3岁到了13岁，以九级优秀通过了中央音乐学院钢琴考试，成了一名初中生，可以自己带钥匙进出家门，把更多自由还给了父母。

　　这10年，我的丈夫赵洪云，由工程师变成了业余畅销书作者，出版了《爸爸与小孩》（1-2）；由陪儿子学钢琴的爸爸，变成了"贝多钢琴学习陪练机"发明专利的主人，有了可以造福人群的技艺产品，以此人生转型。

　　这10年，我的父母更老了，我的父亲过了80大寿，我的一个兄弟，被癌症击倒了。

　　这10年，我的老师，有的进了养老院，有的退休了，有的快要退休了。

　　这10年，我的朋友，有的近了，有的远了，有的再也联系不上了。

我自己呢？走过了漫漫的内心之路，继续我的"纯棉时代"。

2004年秋冬，《女友》集团我的前同事宁朵来北京时，她先生赵伟也在清华大学学习，我的三本散文集正在人民文学出版社陈阳春手中编辑，在清华南门咖啡厅，赵伟问我，自我印象可以用什么物质或者名词来对应，我说是"棉，纯棉"。于是就有了2005年的"纯棉时代·感动"书系。在此感谢赵伟夫妇和陈阳春等诸位。

2014年夏，经由方兴东、薛芳，我与中国发展社编辑马英华认识，又经她认识该社资深编辑徐瑞芳女士、副总编辑尚元经先生、社长包月阳先生等。于是，有了2015年的"纯棉时代·亲爱"书系。在此感谢中国发展社诸位，感谢海云先生的封面设计，艺术家周丽女士、许英辉先生特供的画作。

2014年，对于我是"生命历史"年份。"心灵事件"引起的内心风暴，一极是乐，一极是苦，因其极极而显得十分漫长，容我得以完成内在生命的翻山越岭。

其间，感谢方兴东、王俊秀、陈晓兰、张洁宇、刘丹、陈焱、马浩楠、冉孟灵、向平等朋友给予我的情义。

感谢给我选择自由的赵洪云，感谢给我未来期待的赵卿与。感谢喜欢十字绣和做饭的侄女赵妤。感谢不再轻易打扰我的家人。

写作，是没有清泉时泪水泡的茶，是没有知己时独饮的酒，是没有爱人时爱情显的灵。这是一种秘密的自我治疗，是亏欠的偿还，多得的转馈，褫夺的回归，暗伤的慰藉，极乐的私享，恨晚的时光倒流，追悔的未曾发生。

敬谢给我写作指引和建言的汪丁丁、陈平原、曹文轩、吴晓东、吴伯凡、李炳青等师友。

敬谢此次为三本小书作序的导师温儒敏教授，师姐高秀芹、邵燕君，以及师妹马英华。

2015年1月31日